中国旅游院校五星联盟教材编写出版项目

中国骨干旅游高职院校教材编写出版项目

酒店实用沟通技巧

（第二版）

编著◎刘晓琳　李真

中国旅游出版社

再 版 前 言

为了使教材内容能够与时俱进，本次修订对书中的案例、数据等内容进行了更新和规范，同时每个项目都新增了"思政目标"，以反映学科专业新进展、行业发展新动态，相关表述也更加准确、规范。

特别指出的是，为了深入学习宣传贯彻落实党的二十大精神，更好教育引导广大师生听党话、跟党走，践行为党育人、为国育才的初心使命，培养德智体美劳全面发展的社会主义建设者和接班人，我们在教材中增加了绪论部分，内容涵盖了认识党的二十大胜利召开的伟大意义、把握党的二十大主题、深入学习领悟过去五年工作和新时代十年伟大变革的重大意义、深刻领会"两个结合"是推进马克思主义中国化时代化的根本途径、深刻认识中国式现代化的鲜明特征、牢牢把握全面建设社会主义现代化国家开局起步的战略部署、深入把握党的二十大关于文化和旅游工作的部署要求、牢牢把握以伟大自我革命引领伟大社会革命的重要要求、深刻把握团结奋斗的时代要求等，为了便于学生理解和记忆，还在相关链接处增加了"关于党的二十大报告，必须知道的关键词""9个重要表述，带你理解高质量"及党的二十大报告中关于文化和旅游部分的原文节选。真正让马克思主义中国化时代化的最新理论成果进课堂、进教材、进师生头脑，融入师生学习工作。

当然，由于作者水平有限，不足之处在所难免，敬请广大读者批评指正！

编者

2023 年 1 月

前　言

为了贯彻落实全国职业教育工作会议精神和《国务院关于加快发展现代职业教育的决定》(国发〔2014〕19号)要求,深化职业教育教学改革,全面提高人才培养质量,2015年7月27日,教育部印发《关于深化职业教育教学改革全面提高人才培养质量的若干意见》。文件要求全面贯彻党的教育方针,按照党中央、国务院决策部署,以立德树人为根本,以服务发展为宗旨,以促进就业为导向,坚持走内涵式发展道路,适应经济发展新常态和技术技能人才成长、成才的需要,完善产教融合、协同育人机制,创新人才培养模式,以增强学生就业创业能力为核心,加强思想道德、人文素养教育和技术技能培养,注重教育与生产劳动、社会实践相结合,突出做中学、做中教,强化教育教学实践性和职业性,促进学以致用、用以促学、学用相长。

高职院校酒店管理专业是旅游高等职业教育的重要组成部分,为了提升系统化培养水平,要完善专业课程衔接体系、推进产教深度融合、深化校企协同育人,不断推进专业教学紧贴技术进步和生产实际,有效开展实践性教学。为此,从专业教学角度出发,结合现代酒店业对服务和管理人才的需求,我们要更新课程内容,深化多种模式的课程改革,同时普及推广项目教学、案例教学、情景教学、工作过程导向教学,广泛运用启发式、探究式、讨论式、参与式教学,充分激发学生的学习兴趣和积极性。

本书正是在我国职业教育改革大潮的影响下应运而生的,酒店业作为现代服务业的重要产业,在新形势下的发展日新月异,无论是新的建筑设计、设备设施还是新技术、新材料的应用,都为酒店业的发展插上了翱翔的翅膀。然而,以人为本的服务理念并没有被硬件条件的更新所取代,反而在强调人性尊重与关怀的今天更受重视。在现代酒店企业里,所有工作的完成都依赖于沟通。管理者的大部分时间需要花在与员工、上下级、宾客、媒体和社区等公众的交往与沟通中,服务人员的大量工作也要通过沟通来实

现。因此，现代酒店从业人员的主要素质之一就是具有善于交流沟通的能力。酒店各级人员既要协调组织目标和个人目标，又要扮演"沟通枢纽"的角色，这都需要了解沟通知识，掌握各种沟通技能。本课程作为酒店管理专业的基础课程之一，在山东旅游职业学院饭店管理系开设了多年，并进行了全面深入的课程改革，目前本课程已经全部实施了项目化教学，并采取了多元化的教学方式，取得了良好的教学效果。本书是"酒店沟通技巧"这门课程的配套教材，编者总结了多年的教学经验，运用项目化教学的体系，全面结合酒店实际沟通服务工作，遵循大学生的职业培养模式来编写完成。

本书分为上、下两篇，上篇为沟通理论篇，主要介绍了沟通的基本原理、有效沟通的科学机制以及酒店沟通的主要理论知识，这些理论知识可以帮助学生了解基本的沟通知识，构建良好的沟通理念和人际交往意识。下篇为酒店实用沟通技巧篇，以酒店各部门服务沟通工作为主线，首先将酒店前厅部、客房部、餐饮部和营销部的沟通知识和技巧进行了梳理，然后介绍了酒店的日常沟通技巧和一般的人际关系沟通技巧，最后对时下比较流行的网络沟通和跨文化沟通技巧进行了介绍，这既是酒店业服务沟通的最新内容，也是酒店服务沟通的重要知识。

本书按照项目化教学改革的要求来编写，结构新颖、逻辑清晰、内容完善、语言流畅、案例丰富、实用性较强，主要特点如下：

第一，本书的编写体例是以项目和任务为主导，全书共分为10个项目，每个项目下各有不同的任务。在每一个项目中，都包括项目目标、项目任务、案例分析、项目总结和项目练习等内容，整体结构框架思路清晰，逻辑性强，符合教学规律，非常适用于实际教学过程。

第二，本书是按照36个学时来进行教学管理的，其中上篇的教学学时为4个，下篇的学时为28个左右，最后留有2～4个学时的复习与考核。虽然上下篇的篇幅不同，但基于酒店沟通的实务工作要求，酒店各部门的沟通技巧与酒店日常沟通和人际沟通技巧是本书的重点，所以上篇的理论介绍相对简练、下篇的技巧内容相对充实，要求该部分教学要结合酒店实际工作来展开。

第三，本书的语言流畅，基本采用了口语化的讲述方式，既能够作为普通的酒店管理专业中高职学生的教学用书，也适合于一般的酒店服务和初中级管理层次的员工进行培训和练习，因此本书应用范围广泛。

第四，本书的案例较为经典、新颖和有代表性。在本书的案例与练习中，我们选取了一部分较为经典的沟通案例，同时也汇编了一些知名酒店的服务案例和知名企业的经典案例以及人际沟通案例。由于对这些案例的分析见仁见智，所以很多案例与练习没有提供统一的标准答案，可留待教学过程中共同分析探讨。

由于在酒店管理的专业建设中，将"沟通技巧"开设为专业必修课的院校并不是很多，关于酒店沟通技巧方面的同类教材也不多见，本书作为一次有益的探索，配合相应的课程体系建设和教学改革，提出了一些新思路和新做法。但由于编者水平有限、编著时间受限，本书尚存许多不足和疑问之处，也请各位同行和专家批评指正。在此，一并感谢山东旅游职业学院的各位领导和中国旅游出版社的领导们对本书的大力支持，向所有酒店管理专业的师生和酒店从业人员致以崇高敬意和感谢！

刘晓琳

2019 年 1 月 20 日于泉城济南

目　录

绪 论

党的二十大是在全党全国各族人民迈上全面建设社会主义现代化国家新征程、向第二个百年奋斗目标进军的关键时刻召开的一次十分重要的大会，是一次高举旗帜、凝聚力量、团结奋进的大会。党的二十大在政治上、理论上、实践上取得了一系列重大成果，就新时代新征程党和国家事业发展制定了大政方针和战略部署，是我们党团结带领人民全面建设社会主义现代化国家、全面推进中华民族伟大复兴的政治宣言和行动纲领，对于全党全国各族人民更加紧密团结在以习近平同志为核心的党中央周围，万众一心、接续奋斗，在新时代新征程夺取中国特色社会主义新的伟大胜利，具有极其重大而深远的意义。学习贯彻党的二十大精神，习近平总书记强调的"五个牢牢把握"是最精准的解读、最权威的辅导。要从战略和全局高度完整、准确、全面理解把握党的二十大精神，增强学习贯彻的政治自觉、思想自觉、行动自觉，为实现党的二十大确定的目标任务不懈奋斗。

一、深刻认识党的二十大胜利召开的伟大意义，提升新时代大学生政治站位

党的二十大担负起全党的重托和人民的期待，从战略全局深刻阐述了新时代坚持和发展中国特色社会主义的一系列重大理论和实践问题，科学谋划了未来一个时期党和国家事业发展的目标任务和大政方针，在党和国家历史上具有重大而深远的意义。

（一）这是中国共产党在百年辉煌成就和十年伟大变革的高起点上创造新时代更大荣光的大会

中国共产党在百年历程中共召开了十九次全国代表大会。党的二十大是我们党在建党百年后召开的首次全国代表大会，也是在新时代十年伟大变革的时间坐标上召开的全国代表大会，具有特别的里程碑意义。

（二）这是推进实践基础上的理论创新、开辟马克思主义中国化时代化新境界的大会

马克思主义中国化时代化既是马克思主义的自身要求，又是中国共产党坚持和发展马克思主义的必然路径。中国共产党为什么能，中国特色社会主义为什么好，归根到底是马克思主义行，是中国化时代化的马克思主义行。党的二十大深刻阐述了习近平新时代中国特色社会主义思想的科学内涵和精神实质，深入阐释了开辟马克思主义中国化时代化新境界的重大命题并提出了明确要求，具有重大理论意义。

（三）这是谋划全面建设社会主义现代化国家、以中国式现代化全面推进中华民族伟大复兴的大会

现代化是各国人民的共同期待和目标。百年来，我们党团结带领人民进行的一切奋斗、一切牺牲、一切创造，就是为了把我国建设成为现代化强国，实现中华民族伟大复兴。在新中国成立特别是改革开放以来的长期探索和实践基础上，经过党的十八大以来在理论和实践上的创新突破，我们党成功推进和拓展了中国式现代化，创造了人类文明新形态。党的二十大明确提出以中国式现代化全面推进中华民族伟大复兴的使命任务，精辟论述了中国式现代化的中国特色、本质要求和重大原则，深刻阐释了中国式现代化的历史渊源、理论逻辑、实践特征和战略部署，大大深化了我们党关于中国式现代化的理论和实践。

（四）这是致力于推动构建人类命运共同体、携手开创人类更加美好未来的大会

当前，世界之变、时代之变、历史之变正以前所未有的方式展开，人类社会面临前所未有的挑战。世界又一次站在历史的十字路口，何去何从取决于各国人民的抉择。党的二十大深刻把握世界大势和时代潮流，宣示中国在变局、乱局中促进世界和平与发展、推动构建人类命运共同体的政策主张和坚定决心，为共创人类更加美好的未来注入强大信心和力量。

（五）这是推动解决大党独有难题、以党的自我革命引领社会革命的大会

全面建设社会主义现代化国家、全面推进中华民族伟大复兴，关键在党。党的二十大明确提出：我们党作为世界上最大的马克思主义执政党，要始终赢得人民拥护、巩固长期执政地位，必须时刻保持解决大党独有难题的清醒和坚定。

二、深刻把握党的二十大主题，激发新时代大学生爱国热情

党的二十大的主题，正是我们党对这些事关党和国家事业继往开来、事关中国特色社会主义前途命运、事关中华民族伟大复兴战略性问题的明确宣示，是大会的灵魂。习

近平总书记在党的二十大报告中，开宗明义指出大会的主题："高举中国特色社会主义伟大旗帜，全面贯彻新时代中国特色社会主义思想，弘扬伟大建党精神，自信自强、守正创新，踔厉奋发、勇毅前行，为全面建设社会主义现代化国家、全面推进中华民族伟大复兴而团结奋斗。"这一主题明确宣示了我们党在新征程上带领人民举什么旗、走什么路、以什么样的精神状态、朝着什么样的目标继续前进等重大问题。《中国共产党第二十次全国代表大会关于十九届中央委员会报告的决议》指出："报告阐明的大会主题是大会的灵魂，是党和国家事业发展的总纲。"学习理解党的二十大精神，必须把握这一"灵魂"，抓住这一"总纲"。大会主题中的六个关键词语值得我们高度重视。

（一）旗帜

新时代新征程党高举的旗帜就是"中国特色社会主义伟大旗帜"。大会主题写入这一根本要求，既体现了中国特色社会主义历史演进的连续性、继承性，又体现了新时代党坚持和发展中国特色社会主义的坚定性、恒久性。

（二）思想

大会主题所指示的"全面贯彻新时代中国特色社会主义思想"，就是要求在新时代新征程必须全面贯彻习近平新时代中国特色社会主义思想。党的二十大报告对此作出全面部署。

（三）精神

继在庆祝中国共产党成立100周年大会上习近平总书记提出并号召继承发扬伟大建党精神后，党的二十大主题写入了"弘扬伟大建党精神"的要求，新修改的党章载入了伟大建党精神"坚持真理、坚守理想，践行初心、担当使命，不怕牺牲、英勇斗争，对党忠诚、不负人民"的内涵，这是党在自己最高权力机关及最高章程上的庄严宣示，明确回答了党以什么样的精神状态走好新的赶考之路的重大问题，不仅是贯穿大会报告的重要红线，也是今后党的全部理论和实践的重要遵循。

（四）现代化

"现代化"即"全面建设社会主义现代化国家"。这一重要主题彰显了当前和今后一个时期党的中心任务。党的二十大庄严宣告："从现在起，中国共产党的中心任务就是团结带领全国各族人民全面建成社会主义现代化强国、实现第二个百年奋斗目标，以中国式现代化全面推进中华民族伟大复兴。""中国式现代化"成为这次大会的重要标识。

（五）复兴

在党的二十大主题中，前后用了三个"全面"，即"全面贯彻新时代中国特色社会主义思想""全面建设社会主义现代化国家""全面推进中华民族伟大复兴"。第一个

"全面"规定了新时代党的创新科学理论的指导地位，第二个"全面"规定了新时代新征程的中心任务，第三个"全面"规定了党在新时代新征程的奋斗目标。大会主题中的前两个"全面"，以及报告全文使用的其他一百多个"全面"，都是为了实现"全面推进中华民族伟大复兴"这一根本目标。

（六）团结奋斗

"团结奋斗"是党的二十大主题的鲜明特色。除了在主题中要求"为全面建设社会主义现代化国家、全面推进中华民族伟大复兴而团结奋斗"外，"团结奋斗"一词还体现在党的二十大报告的标题、导语、正文、结束语各个部分。报告全文共使用7次"团结奋斗"、27次"团结"，突出表达了这次大会的主基调。

三、深入学习领悟过去五年工作和新时代十年伟大变革的重大意义，增强新时代大学生民族自豪感

过去五年和新时代以来的十年，在党和国家发展进程中极不寻常、极不平凡。习近平总书记在党的二十大报告中全面回顾总结了过去五年的工作和新时代十年的伟大变革，深刻指出新时代十年的伟大变革，在党史、新中国史、改革开放史、社会主义发展史、中华民族发展史上具有里程碑意义。学习宣传、贯彻落实党的二十大精神，必须深入学习领悟过去五年工作和新时代十年伟大变革的重大意义，坚定历史自信、增强历史主动，自觉在思想上政治上行动上同以习近平同志为核心的党中央保持高度一致。

党的二十大报告在总结党的十九大以来五年工作基础上，用"三件大事"、三个"历史性胜利"高度概括新时代十年走过的极不寻常、极不平凡的奋斗历程，从16个方面全面回顾党和国家事业发展取得的举世瞩目的重大成就，从4个方面总结提炼新时代十年伟大变革的里程碑意义。新时代十年的伟大变革，充分证明中国特色社会主义道路不仅走得对、走得通，而且走得稳、走得好。

四、深刻领会"两个结合"是推进马克思主义中国化时代化的根本途径，加强新时代大学生弘扬中华优秀传统文化教育

党的二十大报告提出，中国共产党为什么能，中国特色社会主义为什么好，归根到底是马克思主义行，是中国化时代化的马克思主义行。100多年来，我们党洞察时代大势，把握历史主动，进行艰辛探索，坚持解放思想和实事求是相统一、培元固本和守正创新相统一，把马克思主义基本原理同中国具体实际相结合、同中华优秀传统文化相结

合，不断推进理论创新、进行理论创造，不断推进马克思主义中国化时代化，带领中国人民不懈奋斗，中华民族迎来了从站起来、富起来到强起来的伟大飞跃，实现中华民族伟大复兴进入了不可逆转的历史进程。

马克思主义理论不是教条，而是行动指南。习近平总书记在党的二十大报告中指出："我们坚持以马克思主义为指导，是要运用其科学的世界观和方法论解决中国的问题，而不是要背诵和重复其具体结论和词句，更不能把马克思主义当成一成不变的教条。"坚持和发展马克思主义，必须同中国具体实际相结合。100多年来，我们党把坚持马克思主义和发展马克思主义统一起来，既始终坚持马克思主义基本原理不动摇，又根据中国革命、建设、改革实际，创造性地解决自己的问题，不断开辟马克思主义中国化时代化新境界。坚持和发展马克思主义，必须同中华优秀传统文化相结合。只有植根本国、本民族历史文化沃土，马克思主义真理之树才能根深叶茂。中华优秀传统文化源远流长、博大精深，是中华文明的智慧结晶，其中蕴含的天下为公、民为邦本、为政以德、革故鼎新、任人唯贤、天人合一、自强不息、厚德载物、讲信修睦、亲仁善邻等，是中国人民在长期生产生活中积累的宇宙观、天下观、社会观、道德观的重要体现，同科学社会主义核心价值观主张具有高度契合性。中国共产党之所以能够领导人民成功走出中国式现代化道路、创造人类文明新形态，很重要的一个原因就在于植根中华文化沃土，不断推进马克思主义中国化时代化，推动中华优秀传统文化创造性转化、创新性发展。

五、牢牢把握全面建设社会主义现代化国家开局起步的战略部署，指引新时代大学生守正创新促发展

党的二十大站在党和国家事业发展的制高点，科学谋划了未来五年乃至更长时期党和国家事业发展的目标任务和大政方针，发出了全面建设社会主义现代化国家、全面推进中华民族伟大复兴的动员令。

"全面建成社会主义现代化强国，总的战略安排是分两步走：从二〇二〇年到二〇三五年基本实现社会主义现代化；从二〇三五年到本世纪中叶把我国建成富强民主文明和谐美丽的社会主义现代化强国。"党的二十大对全面建成社会主义现代化强国两步走战略安排进行了宏观展望，又围绕统筹推进"五位一体"总体布局、协调推进"四个全面"战略布局，从11个方面对未来五年工作作出全面部署，全面构建了推进社会主义现代化建设的实践体系。特别是把教育科技人才、全面依法治国、维护国家安全和社会稳定单列部分进行具体安排，充分体现了抓关键、补短板、防风险的战略考量，是

党中央基于新的战略机遇、新的战略任务、新的战略阶段、新的战略要求、新的战略环境做出的科学判断和战略安排，必将引领全党全国各族人民有效应对世界之变、时代之变、历史之变，推动全面建设社会主义现代化国家开好局、起好步。

六、深入把握党的二十大关于文化和旅游工作的部署要求，推动文旅融合高质量发展

党的二十大作出推进文化自信自强、铸就社会主义文化新辉煌的重大战略部署，要准确把握社会主义文化建设的指导思想和原则目标、战略重点和主要任务以及中国立场和时代要求。

（一）要准确把握社会主义文化建设的指导思想和原则目标

报告指出："全面建设社会主义现代化国家，必须坚持中国特色社会主义文化发展道路，增强文化自信，围绕举旗帜、聚民心、育新人、兴文化、展形象建设社会主义文化强国，发展面向现代化、面向世界、面向未来的，民族的科学的大众的社会主义文化，激发全民族文化创新创造活力，增强实现中华民族伟大复兴的精神力量。"报告明确提出了社会主义文化建设的根本指导思想、基本原则和奋斗目标，坚持为人民服务、为社会主义服务，以社会主义核心价值观为引领，发展社会主义先进文化，弘扬革命文化，传承中华优秀传统文化，满足人民日益增长的精神文化需求，巩固全党全国各族人民团结奋斗的共同思想基础，不断提升国家文化软实力和中华文化影响力。

（二）要准确把握社会主义文化建设的战略重点和主要任务

党的二十大报告提出了建设具有强大凝聚力和引领力的社会主义意识形态、广泛践行社会主义核心价值观、提高全社会文明程度、繁荣发展文化事业和文化产业、增强中华文明传播力影响力五个方面的战略任务，准确把握、全面落实好这些战略重点和主要任务，对于推进文化自信自强，铸就社会主义文化新辉煌具有重要基础支撑作用。

（三）要准确把握社会主义文化建设的中国立场和时代要求

党的二十大报告指出："中华优秀传统文化源远流长、博大精深，是中华文明的智慧结晶。"要把马克思主义基本原理与中华优秀传统文化相结合，不断推进马克思主义中国化，增强中华文明的传播力和影响力。

（四）以文塑旅、以旅彰文、推进文化和旅游深度融合发展

党的二十大报告明确提出："加大文物和文化遗产保护力度，加强城乡建设中历史文化保护传承，建好用好国家文化公园。坚持以文塑旅、以旅彰文，推进文化和旅游深度融合发展。"这些重要论述，为文旅行业把握新发展阶段，贯彻新发展理念，构建新

发展格局，推动高质量发展点明了方向，指明了路径，是未来5年乃至更长一段时间内文旅行业融合发展实践的根本遵循和行动指南，对文旅行业实现理念重构和实践创新具有非常重要的现实指导意义。

七、深刻把握团结奋斗的新时代要求，为文旅行业培养高素质人才

在党的二十大上，习近平总书记宣示新时代新征程党的使命任务，发出了全面建设社会主义现代化国家、全面推进中华民族伟大复兴的动员令。从现在起，中国共产党的中心任务就是团结带领全国各族人民全面建成社会主义现代化强国、实现第二个百年奋斗目标，以中国式现代化全面推进中华民族伟大复兴。

美好的蓝图需要埋头苦干、团结奋斗才能变为现实。习近平总书记的铿锵宣示充满信心和力量——"党用伟大奋斗创造了百年伟业，也一定能用新的伟大奋斗创造新的伟业"。让我们更加紧密地团结在以习近平同志为核心的党中央周围，全面贯彻习近平新时代中国特色社会主义思想，坚定信心、同心同德，埋头苦干、奋勇前进，深入贯彻落实党的二十大精神和党中央决策部署，为全面建设社会主义现代化国家、全面推进中华民族伟大复兴而团结奋斗，在新的赶考之路上向历史和人民交出新的优异答卷！

相关链接1

关于党的二十大报告，必须知道的"关键词"

2022年10月16日，中国共产党第二十次全国代表大会开幕，习近平代表第十九届中央委员会向大会作报告。一起学习报告里的这些"关键词"。

【大会的主题】

大会的主题是：高举中国特色社会主义伟大旗帜，全面贯彻新时代中国特色社会主义思想，弘扬伟大建党精神，自信自强、守正创新，踔厉奋发、勇毅前行，为全面建设社会主义现代化国家、全面推进中华民族伟大复兴而团结奋斗。

【三个"务必"】

中国共产党已走过百年奋斗历程。我们党立志于中华民族千秋伟业，致力于人类和平与发展崇高事业，责任无比重大，使命无上光荣。全党同志务必不忘初心、牢记使命，务必谦虚谨慎、艰苦奋斗，务必敢于斗争、善于斗争，坚定历史自信，增强历史主动，谱写新时代中国特色社会主义更加绚丽的华章。

【极不寻常、极不平凡的五年】

党的十九大以来的五年，是极不寻常、极不平凡的五年。党中央统筹中华民族伟大复兴战略全局和世界百年未有之大变局，就党和国家事业发展作出重大战略部署，团结带领全党全军全国各族人民有效应对严峻复杂的国际形势和接踵而至的巨大风险挑战，以奋发有为的精神把新时代中国特色社会主义不断推向前进。

【三件大事】

十年来，我们经历了对党和人民事业具有重大现实意义和深远历史意义的三件大事：一是迎来中国共产党成立一百周年，二是中国特色社会主义进入新时代，三是完成脱贫攻坚、全面建成小康社会的历史任务，实现第一个百年奋斗目标。

【新时代十年的伟大变革】

新时代十年的伟大变革，在党史、新中国史、改革开放史、社会主义发展史、中华民族发展史上具有里程碑意义。

【归根到底是两个"行"】

实践告诉我们，中国共产党为什么能，中国特色社会主义为什么好，归根到底是马克思主义行，是中国化时代化的马克思主义行。拥有马克思主义科学理论指导是我们党坚定信仰信念、把握历史主动的根本所在。

【中国共产党的中心任务】

从现在起，中国共产党的中心任务就是团结带领全国各族人民全面建成社会主义现代化强国、实现第二个百年奋斗目标，以中国式现代化全面推进中华民族伟大复兴。

【中国式现代化】

中国式现代化，是中国共产党领导的社会主义现代化，既有各国现代化的共同特征，更有基于自己国情的中国特色。

——中国式现代化是人口规模巨大的现代化。

——中国式现代化是全体人民共同富裕的现代化。

——中国式现代化是物质文明和精神文明相协调的现代化。

——中国式现代化是人与自然和谐共生的现代化。

——中国式现代化是走和平发展道路的现代化。

中国式现代化的本质要求是：坚持中国共产党领导，坚持中国特色社会主义，实现高质量发展，发展全过程人民民主，丰富人民精神世界，实现全体人民共同富裕，促进人与自然和谐共生，推动构建人类命运共同体，创造人类文明新形态。

【全面建设社会主义现代化国家开局起步的关键时期】

未来五年是全面建设社会主义现代化国家开局起步的关键时期。

【五个"坚持"】

我国发展进入战略机遇和风险挑战并存、不确定难预料因素增多的时期，各种"黑天鹅""灰犀牛"事件随时可能发生。我们必须增强忧患意识，坚持底线思维，做到居安思危、未雨绸缪，准备经受风高浪急甚至惊涛骇浪的重大考验。前进道路上，必须牢牢把握以下重大原则。

——坚持和加强党的全面领导。

——坚持中国特色社会主义道路。

——坚持以人民为中心的发展思想。

——坚持深化改革开放。

——坚持发扬斗争精神。

【加快构建新发展格局】

必须完整、准确、全面贯彻新发展理念，坚持社会主义市场经济改革方向，坚持高水平对外开放，加快构建以国内大循环为主体、国内国际双循环相互促进的新发展格局。

【发展经济着力点】

坚持把发展经济的着力点放在实体经济上，推进新型工业化，加快建设制造强国、质量强国、航天强国、交通强国、网络强国、数字中国。

【实施科教兴国战略】

必须坚持科技是第一生产力、人才是第一资源、创新是第一动力，深入实施科教兴国战略、人才强国战略、创新驱动发展战略，开辟发展新领域新赛道，不断塑造发展新动能新优势。

坚持创新在我国现代化建设全局中的核心地位。完善党中央对科技工作统一领导的体制，健全新型举国体制，强化国家战略科技力量，优化配置创新资源，提升国家创新体系整体效能。

【全过程人民民主】

全过程人民民主是社会主义民主政治的本质属性，是最广泛、最真实、最管用的民主。必须坚定不移走中国特色社会主义政治发展道路，坚持党的领导、人民当家作主、依法治国有机统一。

【全面依法治国】

全面依法治国是国家治理的一场深刻革命，关系党执政兴国，关系人民幸福安康，关系党和国家长治久安。必须更好发挥法治固根本、稳预期、利长远的保障作用，在法治轨道上全面建设社会主义现代化国家。

【文化自信自强】

全面建设社会主义现代化国家，必须坚持中国特色社会主义文化发展道路，增强文化自信，围绕举旗帜、聚民心、育新人、兴文化、展形象建设社会主义文化强国，发展面向现代化、面向世界、面向未来的，民族的科学的大众的社会主义文化，激发全民族文化创新创造活力，增强实现中华民族伟大复兴的精神力量。

【为民造福】

治国有常，利民为本。为民造福是立党为公、执政为民的本质要求。必须坚持在发展中保障和改善民生，鼓励共同奋斗创造美好生活，不断实现人民对美好生活的向往。

【完善分配制度】

坚持按劳分配为主体、多种分配方式并存，构建初次分配、再分配、第三次分配协调配套的制度体系。努力提高居民收入在国民收入分配中的比重，提高劳动报酬在初次分配中的比重。坚持多劳多得，鼓励勤劳致富，促进机会公平，增加低收入者收入，扩大中等收入群体。规范收入分配秩序，规范财富积累机制，保护合法收入，调节过高收入，取缔非法收入。

【推动绿色发展】

大自然是人类赖以生存发展的基本条件。尊重自然、顺应自然、保护自然，是全面建设社会主义现代化国家的内在要求。必须牢固树立和践行绿水青山就是金山银山的理念，站在人与自然和谐共生的高度谋划发展。

【总体国家安全观】

国家安全是民族复兴的根基，社会稳定是国家强盛的前提。必须坚定不移贯彻总体国家安全观，把维护国家安全贯穿党和国家工作各方面全过程，确保国家安全和社会稳定。

【新安全格局】

我们要坚持以人民安全为宗旨、以政治安全为根本、以经济安全为基础、以军事科技文化社会安全为保障、以促进国际安全为依托，统筹外部安全和内部安全、国土安全和国民安全、传统安全和非传统安全、自身安全和共同安全，统筹维护和塑造国家安全，夯实国家安全和社会稳定基层基础，完善参与全球安全治理机制，建设更高水平的平安中国，以新安全格局保障新发展格局。

【开创国防和军队现代化新局面】

实现建军一百年奋斗目标，开创国防和军队现代化新局面。

如期实现建军一百年奋斗目标，加快把人民军队建成世界一流军队，是全面建设社会主义现代化国家的战略要求。必须贯彻新时代党的强军思想，贯彻新时代军事战略方针，坚持党对人民军队的绝对领导，坚持政治建军、改革强军、科技强军、人才强军、依法治军，坚持边斗争、边备战、边建设，坚持机械化信息化智能化融合发展，加快军事理论现代化、军队组织形态现代化、军事人员现代化、武器装备现代化，提高捍卫国家主权、安全、发展利益战略能力，有效履行新时代人民军队使命任务。

【坚持和完善"一国两制"，推进祖国统一】

"一国两制"是中国特色社会主义的伟大创举，是香港、澳门回归后保持长期繁荣稳定的最佳制度安排，必须长期坚持。

坚持贯彻新时代党解决台湾问题的总体方略，牢牢把握两岸关系主导权和主动权，坚定不移推进祖国统一大业。

解决台湾问题是中国人自己的事，要由中国人来决定。我们坚持以最大诚意、尽最大努力争取和平统一的前景，但决不承诺放弃使用武力，保留采取一切必要措施的选项，这针对的是外部势力干涉和极少数"台独"分裂分子及其分裂活动，绝非针对广大台湾同胞。国家统一、民族复兴的历史车轮滚滚向前，祖国完全统一一定要实现，也一定能够实现！

【人类命运共同体】

中国提出了全球发展倡议、全球安全倡议，愿同国际社会一道努力落实。我们真诚呼吁，世界各国弘扬和平、发展、公平、正义、民主、自由的全人类共同价值，促进各国人民相知相亲，尊重世界文明多样性，以文明交流超越文明隔阂、文明互鉴超越文明冲突、文明共存超越文明优越，共同应对各种全球性挑战。中国人民愿同世界人民携手开创人类更加美好的未来。

【新时代党的建设新的伟大工程】

全面建设社会主义现代化国家、全面推进中华民族伟大复兴，关键在党。我们党作为世界上最大的马克思主义执政党，要始终赢得人民拥护、巩固长期执政地位，必须时刻保持解决大党独有难题的清醒和坚定。全党必须牢记，全面从严治党永远在路上，党的自我革命永远在路上，决不能有松劲歇脚、疲劳厌战的情绪，必须持之以恒推进全面从严治党，深入推进新时代党的建设新的伟大工程，以党的自我革命引领社会革命。

【五个"必由之路"】

全党必须牢记，坚持党的全面领导是坚持和发展中国特色社会主义的必由之路，中国特色社会主义是实现中华民族伟大复兴的必由之路，团结奋斗是中国人民创造历史伟业的必由之路，贯彻新发展理念是新时代我国发展壮大的必由之路，全面从严治党是党永葆生机活力、走好新的赶考之路的必由之路。

【战略性工作】

青年强，则国家强。当代中国青年生逢其时，施展才干的舞台无比广阔，实现梦想

的前景无比光明。全党要把青年工作作为战略性工作来抓，用党的科学理论武装青年，用党的初心使命感召青年，做青年朋友的知心人、青年工作的热心人、青年群众的引路人。

资料来源：人民网·中国共产党新闻网．

相关链接2

9个重要表述，带你理解高质量

习近平在党的二十大报告中提出，必须完整、准确、全面贯彻新发展理念，坚持社会主义市场经济改革方向，坚持高水平对外开放，加快构建以国内大循环为主体、国内国际双循环相互促进的新发展格局。

中国式现代化

报告原文

在新中国成立特别是改革开放以来长期探索和实践基础上，经过十八大以来在理论和实践上的创新突破，我们党成功推进和拓展了中国式现代化。

中国式现代化，是中国共产党领导的社会主义现代化，既有各国现代化的共同特征，更有基于自己国情的中国特色。

高水平社会主义市场经济体制

报告原文

构建高水平社会主义市场经济体制。坚持和完善社会主义基本经济制度，毫不动摇巩固和发展公有制经济，毫不动摇鼓励、支持、引导非公有制经济发展，充分发挥市场在资源配置中的决定性作用，更好发挥政府作用。

现代化产业体系

报告原文

建设现代化产业体系。坚持把发展经济的着力点放在实体经济上，推进新型工业化，加快建设制造强国、质量强国、航天强国、交通强国、网络强国、数字中国。

乡村振兴

报告原文

全面推进乡村振兴。坚持农业农村优先发展，坚持城乡融合发展，畅通城乡要素流动。扎实推动乡村产业、人才、文化、生态、组织振兴。全方位夯实粮食安全根基，牢牢守住十八亿亩耕地红线。深化农村土地制度改革，赋予农民更加充分的财产权益。保障进城落户农民合法土地权益，鼓励依法自愿有偿转让。

区域协调发展

报告原文

促进区域协调发展。深入实施区域协调发展战略、区域重大战略、主体功能区战略、新型城镇化战略，优化重大生产力布局，构建优势互补、高质量发展的区域经济布局和国土空间体系。

高水平对外开放

报告原文

推进高水平对外开放。稳步扩大规则、规制、管理、标准等制度型开放。加快建设贸易强国。营造市场化、法治化、国际化一流营商环境。推动共建"一带一路"高质量发展。有序推进人民币国际化。深度参与全球产业分工和合作，维护多元稳定的国际经济格局和经贸关系。

新领域新赛道

报告原文

必须坚持科技是第一生产力、人才是第一资源、创新是第一动力，深入实施科教兴国战略、人才强国战略、创新驱动发展战略，开辟发展新领域新赛道，不断塑造发展新动能新优势。

共同富裕

报告原文

我们要实现好、维护好、发展好最广大人民根本利益，紧紧抓住人民最关心最直接最现实的利益问题，坚持尽力而为、量力而行，深入群众、深入基层，采取更多惠民生、暖民心举措，着力解决好人民群众急难愁盼问题，健全基本公共服务体系，提高公共服务水平，增强均衡性和可及性，扎实推进共同富裕。

和谐共生

报告原文

大自然是人类赖以生存发展的基本条件。尊重自然、顺应自然、保护自然，是全面建设社会主义现代化国家的内在要求。必须牢固树立和践行绿水青山就是金山银山的理念，站在人与自然和谐共生的高度谋划发展。

资料来源：http://finance.people.com.cn/n1/2022/1018/c1004-32547280.html.

相关链接3

高举中国特色社会主义伟大旗帜
为全面建设社会主义现代化国家而团结奋斗
——在中国共产党第二十次全国代表大会上的报告（节选）

八、推进文化自信自强，铸就社会主义文化新辉煌

全面建设社会主义现代化国家，必须坚持中国特色社会主义文化发展道路，增强文化自信，围绕举旗帜、聚民心、育新人、兴文化、展形象建设社会主义文化强国，发展面向现代化、面向世界、面向未来的，民族的科学的大众的社会主义文化，激发全民族文化创新创造活力，增强实现中华民族伟大复兴的精神力量。

我们要坚持马克思主义在意识形态领域指导地位的根本制度，坚持为人民服务、为社会主义服务，坚持百花齐放、百家争鸣，坚持创造性转化、创新性发展，以社会主义核心价值观为引领，发展社会主义先进文化，弘扬革命文化，传承中华优秀传统文化，满足人民日益增长的精神文化需求，巩固全党全国各族人民团结奋斗的共同思想基础，不断提升国家文化软实力和中华文化影响力。

（一）建设具有强大凝聚力和引领力的社会主义意识形态

意识形态工作是为国家立心、为民族立魂的工作。牢牢掌握党对意识形态工作领导权，全面落实意识形态工作责任制，巩固壮大奋进新时代的主流思想舆论。健全用党的创新理论武装全党、教育人民、指导实践工作体系。加强全媒体传播体系建设，塑造主流舆论新格局。健全网络综合治理体系，推动形成良好网络生态。

（二）广泛践行社会主义核心价值观

社会主义核心价值观是凝聚人心、汇聚民力的强大力量。弘扬以伟大建党精神为源头的中国共产党人精神谱系，用好红色资源，深入开展社会主义核心价值观宣传教育，深化爱国主义、集体主义、社会主义教育，着力培养担当民族复兴大任的时代新人。推动理想信念教育常态化制度化，持续抓好党史、新中国史、改革开放史、社会主义发展史宣传教育，引导人民知史爱党、知史爱国，不断坚定中国特色社会主义共同理想。用社会主义核心价值观铸魂育人，完善思想政治工作体系，推进大中小学思想政治教育一体化建设。坚持依法治国和以德治国相结合，把社会主义核心价值观融入法治建设、融入社会发展、融入日常生活。

（三）提高全社会文明程度

实施公民道德建设工程，弘扬中华传统美德，加强家庭家教家风建设，加强和改进未成年人思想道德建设，推动明大德、守公德、严私德，提高人民道德水准和文明素养。统筹推动文明培育、文明实践、文明创建，推进城乡精神文明建设融合发展，在全社会弘扬劳动精神、奋斗精神、奉献精神、创造精神、勤俭节约精神，培育时代新风新貌。加强国家科普能力建设，深化全民阅读活动。完善志愿服务制度和工作体系。弘扬诚信文化，健全诚信建设长效机制。发挥党和国家功勋荣誉表彰的精神引领、典型示范作用，推动全社会见贤思齐、崇尚英雄、争做先锋。

（四）繁荣发展文化事业和文化产业

坚持以人民为中心的创作导向，推出更多增强人民精神力量的优秀作品，培育造就大批德艺双馨的文学艺术家和规模宏大的文化文艺人才队伍。坚持把社会效益放在首位、社会效益和经济效益相统一，深化文化体制改革，完善文化经济政策。实施国家文化数字化战略，健全现代公共文化服务体系，创新实施文化惠民工程。健全现代文化产业体系和市场体系，实施重大文化产业项目带动战略。加大文物和文化遗产保护力度，加强城乡建设中历史文化保护传承，建好用好国家文化公园。坚持以文塑旅、以旅彰文，推进文化和旅游深度融合发展。广泛开展全民健身活动，加强青少年体育工作，促进群众体育和竞技体育全面发展，加快建设体育强国。

（五）增强中华文明传播力影响力

坚守中华文化立场，提炼展示中华文明的精神标识和文化精髓，加快构建中国话语和中国叙事体系，讲好中国故事、传播好中国声音，展现可信、可爱、可敬的中国形象。加强国际传播能力建设，全面提升国际传播效能，形成同我国综合国力和国际地位相匹配的国际话语权。深化文明交流互鉴，推动中华文化更好走向世界。

资料来源：http://www.gov.cn/xinwen/2022-10/25/content_5721685.htm.

上篇　沟通理论篇

沟通概述

 【思政目标】

本项目旨在帮助学生在学习沟通知识的过程中养成道路自信、理论自信、制度自信和文化自信的沟通意识。

 【项目目标】

本项目要求学生从日常的人际交往中熟悉沟通的各种形式，汇总人际交往中存在的各种沟通现象，了解沟通的原理与机制，掌握沟通的基础知识，重视沟通在工作以及人际关系中的重要性。

 【项目任务】

1. 构建科学的沟通理念。
2. 培养良好的沟通态度。
3. 掌握基本的沟通知识。
4. 树立自强自信的沟通意识。

【课堂练习】

时　间：15分钟。

材　料：准备总人数两倍的A4纸。

操作程序：

1. 给每位学生发一张纸。

2. 教师发出单项指令：

（1）同学们闭上眼睛。

（2）整个过程中不许提问题。

（3）把纸对折。

（4）再对折。

（5）再对折。

（6）把右上角撕下来，转180°，把左上角也撕下来。

（7）睁开眼睛，把纸打开。

3. 教师请两位同学上来，重复上述指令，区别是这次学生可以提问题。

4. 活动讨论：

完成第一步之后提问：为什么会出现不同结果？

完成第二步之后再次提问：是否还会出现不一样的结果？

任务一　何为沟通

我们每天都在沟通。只要在醒着的时间，我们有70%甚至更多的时间用于发出或接收各种信息，在父母与子女之间、老师与同学之间、亲朋好友之间、同事之间、上下级之间、熟人之间、陌生人之间。特别是随着现代社会进入无线互联的高科技时代，手机、电脑日益普及，互联网已经全方位地进入了人们的工作与生活之中，各种形式的沟通就成为人们生存在社会上的一种常态。沟通无处不在！沟通已经成为人们成功抑或失败的关键因素。那么，究竟什么是沟通呢？

1.1.1 沟通的含义

"沟通"一词，汉语的原意是两水通过挖沟开渠使其相互流通畅达。如《左传·哀公九年》记载："秋，吴城邗，沟通江淮。"沟通，有名词和动词之分，名词是指一种状态，动词是指一种行为，一般用于比喻两种思想的交流与分享。在信息社会又泛指信息沟通。

沟通作为传播学的核心概念，原译自拉丁语的 communi，英文为 communication，可翻译为传达、通信、交换、交流、交通、交往、交际和沟通等。作为学科名词，沟通的定义众多，概括来说，主要有以下几种类型。

（1）共享说：强调沟通是传者与受者对信息的分享。美国著名的传播学家施拉姆认为：“我们在沟通的时候，是努力想同谁确立‘共同’的东西，即我们努力想‘共享’信息、思想或态度。”

（2）交流说：强调沟通是有来有往、双向的活动。如美国学者霍本认为：“沟通即用言语交流思想。”

（3）影响（劝说）说：强调沟通是传者欲对受者（通过劝服）施加影响的行为。如美国学者露西和彼得森认为：“沟通，包含人与人之间相互影响的全部过程。”

（4）符号（信息）说：强调沟通是符号（信息）的流动。如美国学者贝雷尔森认为：“所谓沟通，即通过大众传播和人际沟通的主要媒介所进行的符号的传送。”

基于以上各种沟通的定义及其解释，可以看出，沟通是人类的一种活动和行为模式，是客观存在，又受到各种主观因素影响的。良好的沟通，对于人类社会能够产生积极意义和深远影响。为便于学生理解，本书对沟通进行如下定义：沟通是人类借助于共同的符号系统（包括语言符号和非语言符号）获得信息，彼此传递和交流信息的个人行为和社会互动行为，是人类有意识的活动过程。

1.1.2 沟通的内涵

我们从沟通的概念中可以看到，沟通具有以下几个方面的内涵。

（1）沟通首先是信息的传递。

沟通主要包含信息的传递，如果信息没有传递到既定的对象，那么也就没有发生沟通。沟通的信息包罗万象。在沟通过程中，我们不仅传递信息，而且在表达着赞美或不快之情，提出自己的意见和观点，从而达到信息共享。因此，信息传递过程是沟通需要研究的重要问题。

（2）沟通中信息不仅要被传递，还要被理解。

沟通是人与人之间传达思想、观念或交换情报、信息的过程，不仅要“说”出来，还要求得“共识”，相互了解并使彼此达成某种程度的理解，在思想上、情感上和理念上寻求一致，以期产生共鸣，这就是有效的沟通。沟通可以将良好的人际关系转化为积极的生产力。

（3）沟通是一个双向的、互动的反馈和理解过程。

我们每天都在进行沟通，但这并不表明我们是一个成功的沟通者。沟通不是简单单向的个体行为，而是双向的、互动的活动和过程。沟通不只是说给别人听，也不只是听别人说，而是沟通双方频繁互动、反馈和理解的过程。每一次成功的沟通，都包含了沟通双方无数次的交流、互动、纠正、理解。

1.1.3 沟通的类型

由于沟通的普遍性和复杂性，可以根据不同的标准对沟通进行分类。一般来说，沟通分为以下几种。

（1）按照传递信息的载体不同，沟通分为语言沟通和非语言沟通。

所谓语言沟通，就是指以词语符号来实现的沟通，又可以分为口头语言沟通和书面语言沟通。口头语言沟通是借助于口头语言来进行的沟通，是日常生活中最为常见的沟通方式，同时也是最便利、最具有现场感的沟通方式。交谈、讨论、开会等都离不开口头语言的沟通。语言沟通是人类社会最基本的沟通方式。

书面语言沟通是借助于书面文字材料进行的沟通，是准确性极高的一种沟通方式，也是保存信息最为完整的一种沟通方式。同时它还具有持久性，它使沟通过程超越了时间和空间的限制，人们不仅可以通过文字记载来研究古人的思想，也可以将现代人的成就传给后代。但是，书面沟通缺乏信息发送者背景信息的支持，信息接收者感受不到发送者自身的人格和情感因素的影响，因而对接收者的影响力有限。

（2）按照沟通的组织系统不同，沟通分为正式沟通和非正式沟通。

正式沟通是指通过组织明确规定的渠道进行的信息传递和交流，如企业的工作会议、对外宣传、上下级的工作交流等。这种沟通具有较强的约束力，沟通效果好，能保证沟通双方对信息进行全面接收。一般重要的信息通常采用这种方式，但缺点是沟通方式较为严肃，不易于感情沟通，速度慢。

非正式沟通则是指正式渠道之外的信息交流和传递，如员工的私下交谈、私人之间的聊天以及各种非正式场合进行的群体娱乐活动或闲暇活动。这种活动通常是非官方的、非正式的、非规范的，较为随意，无法保证信息的真实性，需要沟通双方对信息进行甄别，以防流言蜚语混淆视听。

（3）按照沟通的组织结构不同，沟通分为上行沟通、下行沟通和平行沟通。

在所有的组织管理中，由于组织的层级结构不同，沟通也表现出方向性的不同。那些下级向上级反映情况、汇报工作、提出建议等沟通形式，就是一种自下而上的信息沟通，这是领导决策的重要信息来源，每一个组织都要高度重视。很多组织设立了"意见箱"，进行"民意测验"或"领导考评"，举办职代会、座谈会或领导接待来访等，都是上行沟通。

下行沟通是组织内部常规的沟通方式，传达指示、发布命令、通知通报等各种形式都是领导者向下级传递信息的工作方式，这是实现管理者意图和决策的最基本形式，也是员工服从管理的最主要表现。

平行沟通则是指组织内部各部门之间的信息交流，即横向联系。组织内部各部门之间的协调、配合都要求企业要建立良好的平行沟通机制，这样才能减少隔阂、提高效率、增进团结，是重要的团队建设沟通方式。

1.1.4 沟通的作用

从沟通的基本社会意义来说，沟通的主要作用有以下两个。

一是传递和获得信息。信息的采集、传送、整理、交换，无一不是沟通的过程。通过沟通，交换有意义、有价值的各种信息，生活中的大小事务才得以开展。掌握低成本的沟通技巧、了解如何有效地传递信息能提高人的办事效率，而积极地获得信息更会提高人的竞争优势。好的沟通者可以一直保持注意力，随时抓住内容重点，找出所需要的重要信息。他们能更透彻地了解信息的内容，拥有最佳的工作效率，并节省时间与精力，获得更高的生产力。

二是改善人际关系。社会是由人们互相沟通所维持的关系组成的网，人们相互交流是因为需要同周围的社会环境相联系。沟通与人际关系两者相互促进、相互影响。有效的沟通可以赢得和谐的人际关系，而和谐的人际关系会使沟通更加顺畅。相反，人际关系不良会使沟通难以开展，而不恰当的沟通又会使人际关系变得更坏。

当然，沟通在企业管理中起着十分重要的作用，其主要表现如下：

（1）沟通有助于提高决策的质量。任何决策都会涉及干什么、怎么干、何时干等问题。每当遇到这些亟须解决的问题，管理者就需要从广泛的企业内部的沟通中获取大量的信息情报，然后进行决策，或建议有关人员做出决策，以迅速解决问题。下属人员也可以主动与上级管理人员沟通，提出自己的建议，供领导者做出决策时参考，或经过沟通，取得上级领导的认可，自行决策。企业内部的沟通为各个部门和人员进行决策提供了信息，增强了判断能力。

（2）沟通促使企业员工协调有效地工作。企业中各个部门和各个职务是相互依存的，依存性越大，对协调的需要越高，而协调只有通过沟通才能实现。没有适当的沟通，管理者对下属的了解也会不充分，下属就可能对分配给他们的任务和要求他们完成的工作有错误的理解，使工作任务不能正确圆满地完成，导致企业在效益方面的损失。

（3）沟通有助于提高员工的士气。沟通有利于领导者激励下属，建立良好的人际关系和组织氛围，提高员工的士气。除了技术性和协调性的信息外，企业员工还需要鼓励性的信息。它可以使领导者了解员工的需要，关心员工的疾苦，在决策中就会考虑员工的要求，以提高他们的工作热情。人一般都会要求对自己的工作能力有一个恰当的评价。如果领导的表扬、认可或者满意能够通过各种渠道及时传递给员工，就会形成某种工作激励。同时，企业内部良好的人际关系更离不开沟通。思想上和感情上的沟通可以增进彼此的了解，消除误解、隔阂和猜忌，即使不能达到完全理解，至少也可取得谅解，使企业有和谐的组织氛围，所谓"大家心往一处想，劲往一处使"就是有效沟通的结果。

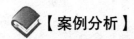 【案例分析】

锦江国际集团的文化沟通

锦江国际集团是上海市国资委控股的中国规模最大的综合性酒店旅游企业集团之一，注册资本20亿元，拥有酒店、旅游、客运三大核心主业和地产、实业、金融等相关产业及基础产业。"锦江"是具有80多年历史的中国民族品牌、中国驰名商标、上海市著名商标，曾获中国商标金奖。集团先后收购法国卢浮酒店集团、铂涛集团、维也纳酒店集团，并战略投资法国雅高酒店集团，2018年集团又成功收购丽笙酒店管理集团。截至2020年年底，集团投资和管理酒店已超过10000家、100万间客房，拥有"J""岩花园""锦江""昆仑""丽笙 Radisson""郁锦香 Golden Tulip""锦江都城""康铂 Campanile""麗枫""维也纳"等高端、中端及经济型品牌40余个，分布中国31个省（直辖市、自治区）以及世界120多个国家和地区，会员超过1.5亿，跻身全球酒店集团300强第2位。

集团的企业文化定义为"人和锦江，礼传天下"，具体分为以下五个层面：

（1）团结——相互信任、相互补台，五湖四海、同舟共济，共同团结在集团发展战略目标下。

（2）务实——执行有力、沟通有效、协调有方，坚定不移、坚持不懈、坚韧不拔，想干事、能干事、干成事，求真务实，认真做好每天事、每件事。

（3）创新——解放思想、善于学习，改革开放、开拓进取，破解难题、超越自我，把创新的基点建立在日常岗位工作的改进提高上，建立在始终不渝地追求卓越上。

（4）亲民——以人为本、关注民生，善待员工、善待顾客，维护股东、顾客及全体员工的共同利益。

（5）廉洁——增强党性，以身作则，廉洁自律，依法经营。

"全方位服务"的核心理念、"规范化、标准化"的管理模式、"继承、借鉴、创新"的经营特色，是将企业文化理念深入践行的具体体现。提取行李、陪同进房、介绍设施、送上茶水毛巾、了解生活爱好、引领进入餐厅、转告餐厅和厨房客人口味特点、离店前的诚恳征求意见等，看似简单琐碎并无技术含量的服务细节，其实是超越常规的主动全方位服务，而这些往往是口碑营销的基础。

资料来源：http：//www.jinjiang.com.

点评：

酒店文化是酒店无形价值的表现，是一种有力的沟通符号，只有将其融入具体的实践中，才能使酒店的凝聚力和向心力不停增强，成为酒店共同价值观的核心。在国际化竞争日趋激烈的酒店业，民族企业更需要在内外沟通中加强企业文化建设、增强文化自信，团结、务实、创新才能更好地聚人心、展形象。锦江国际集团正是凭借自身的文化积累和不断践行，才能取得一个个辉煌的成就，这种文化沟通力的作用是毋庸置疑的。

任务二　沟通的原理与机制

沟通的信息包罗万象，可以是事实、情感、价值观、意见、观点等。沟通看起来很容易，其实沟通双方要做到有效沟通需要很多因素，除了双方配合、理解对方、分析信息等因素外，还应了解沟通的过程和运作机制。

1.2.1 沟通的要素构成

沟通的要素除了信息发送者和信息接收者以外，还包括：信息、沟通渠道、反馈。

（1）信息发送者与信息接收者。

信息发送者是信息的发送方，也称为信息源。其发出沟通并主导这个过程。沟通的对象和目的通常也由发送者决定。一般来说，信息源的权威性和经验、可信赖性、吸引力等都会影响这个沟通过程。比如，我们更愿意相信有关领域的专家传递的信息，也更愿意相信具有公正品质的人所传递的信息，而且，当信息源具有外表吸引力的时候，我们也倾向于喜爱他们，从而听从于他们，这就不难理解为什么那么多企业都偏好聘请名人来做广告。

在沟通过程中，发送者和接收者都应积极主动。在沟通中，从发送者来看，有两方面的问题要考虑：一是明确传递信息的目的；二是确保传递信息的成功。如果能充分考虑信息传递是否畅通、是否正确的问题，那么沟通就有实现的可能。

（2）信息。

信息是发送者试图传递给接收者的刺激物（思想、观点、意见、建议等），但它们必须被转化为各种可以被他人识别的信号，这些信号包括语言和非语言。发送者传送的信息经过编码的处理，接收者会对收到的信息进行译码。因此，发送者和接收者对信息的理解，有可能是不一样的。

（3）沟通渠道。

沟通渠道也称为信道，是指信息从发送者传递到接收者的途径和手段，包括人—人、人—机器等各种形式。在各种方式的沟通中，影响力最大的仍然是面对面的原始沟通方式。除了言辞本身的信息外，还有沟通者整体的心理状态的信息，这些信息使发送者和接收者可以产生情绪上的互动和相互感染。即使在手机应用非常普遍的今天，人们仍然需要借助于面对面的沟通来加强情感互动。

（4）反馈。

反馈是指接收者把信息返回给发送者，并对信息是否被理解进行核实。在没有得到反馈之前，我们无法确认信息是否已经得到有效的编码、传递和译码。反馈可以检验信息传递的程度、速度和质量。但仅凭借观察来获得反馈，还不能确保沟通的效果，有时还需要直接向接收者提问来进行检验。

1.2.2 沟通的过程分析

沟通过程就是发送者将信息通过一定的渠道传递给接收者的过程。首先，发送者将信息进行编码，通过一定的渠道传递给接收者，接收者对信息进行译码；其次，接收者又将信息进行编码，通过相应的渠道反馈给发送者，发送者对信息进行译码。通过不断发送与反馈的过程，发送者与接收者之间形成对信息的共享，从而完成沟通的过程（见图1-1）。

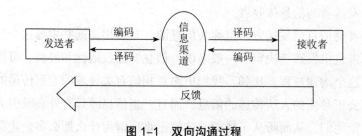

图1-1　双向沟通过程

任何沟通都是这样一个不断循环往复的过程，在这个过程中，沟通双方通过大量的信息沟通，逐渐上升为情感沟通和文化沟通，这就是沟通的整个过程。

1.2.3 沟通的原则

美国著名的公共关系专家特立普、森特在他们合著的被誉为"公关圣经"的著作《有效的公共关系》中提出了有效沟通的"7C原则"。

（1）Credibility：可信赖性，即建立对传播者的信赖。

（2）Context：一致性（又译为情境架构），指传播须与环境（物质的、社会的、心理的、时间的环境等）相协调。

（3）Content：内容的可接受性，指传播内容须与受众有关，必须能引起他们的兴趣，满足他们的需要。

（4）Clarity：表达的明确性，指信息的组织形式应该简洁明了，易于公众接受。

（5）Channels：渠道的多样性，指应该有针对性地运用传播媒介以达到向目标公众传播信息的作用。

（6）Continuity and consistency：持续性与连贯性，这就是说，沟通是一个没有终点的过程，要达到渗透的目的，必须对信息进行重复，但又须在重复中不断补充新的内容，这一过程应该持续地坚持下去。

（7）Capability of audience：受众能力的差异性，这是说沟通必须考虑沟通对象能力的差异（包括注意能力、理解能力、接受能力和行为能力），采取不同方法实施传播才能使传播易为受众理解和接受。

上述"7C原则"基本涵盖了沟通的主要环节，涉及传播学中控制分析、内容分析、媒介分析、受众分析、效果分析、反馈分析等主要内容，极具价值。这些有效沟通的基本原则，对人际沟通来说同样具有不可忽视的指导意义。

【案例分析】

有个故事这样讲道：女儿向父亲抱怨她的生活，抱怨事事都那么艰难。她不知该如何应付生活，想要自暴自弃。她已厌倦抗争和奋斗，好像一个题目刚解决，新的题目就又出现了。她的父亲是位厨师，把她带进厨房。他先往三只锅里倒进一些水，然后把它们放在旺火上烧。不久锅里的水烧开了，他往第一只锅里放了些胡萝卜，第二只锅里放了鸡蛋，最后一只锅里放了碾成粉末状的咖啡豆。他将它们放进开水中煮，一句话也没有说。女儿咂咂嘴，不耐烦地等待着，纳闷父亲在做什么。大约20分钟后，他关闭

了火，把胡萝卜捞出来放进一个碗内，把鸡蛋捞出来放进另一个碗内，然后又把咖啡舀到一个杯子里。做完这些后，他才转过身问女儿："亲爱的，你看见什么了？""胡萝卜、鸡蛋、咖啡"，她回答。他让她靠近些并让她用手摸摸胡萝卜，她摸了摸，留意到它们变软了。父亲又让女儿将煮熟的鸡蛋剥掉壳。最后，他让她喝了咖啡。品尝到香浓的咖啡，女儿笑了。她怯生生地问道："父亲，这意味着什么？"他解释说，这三样东西面临同样的逆境——煮沸的开水，但其反应各不相同。胡萝卜进锅之前是强壮的、结实的，毫不示弱；但进开水之后，它变软了、变弱了。鸡蛋原来是易碎的，它薄薄的外壳保护着它呈液体的内脏。但是经开水一煮，它的内脏变硬了。而粉状咖啡豆则很独特，进入沸水之后，它们倒改变了水。"哪个是你呢？"他问女儿。"当逆境找上门来时，你该如何反应？你是胡萝卜，是鸡蛋，还是咖啡豆？"

这是一个成功沟通的故事，故事中父亲通过简单的对话和操作教会面对生活困惑、充满抱怨的女儿理解逆境中也可以做出选择，其中蕴含了极为深刻的沟通原理和技巧，值得深思。人具有社会属性，时常为了一个设定的目标，在个人或群体间进行信息、思想和情感的传递并达成共同协议，这样的过程就是沟通。沟通有七部分、四要素，七部分为信息发送者、编码、信息、渠道、译码、接收者、反馈；四要素为发送者、接收者、信息、渠道。沟通四要素缺一不可，共同决定着沟通的效果。

点评：

在上述小故事中，同样包含以上四要素。父亲是信息发送者；女儿是接收者；信息则比较丰富，既包含了父亲的说话内容，又包括了父亲将三种食品放进水里煮沸的操作过程；渠道是非正式的沟通渠道。之所以产生了良好的沟通效果，关键在于父亲巧妙地将信息分解为语言沟通和非语言沟通两种形式。用更具影响力的非语言沟通，即动手操作，用胡萝卜、鸡蛋、咖啡豆在沸水中的变化来比喻不同的人在生活磨砺中的不同选择。所谓眼见为实，父亲让女儿亲眼看到事物发生变化的哲理，引导女儿面对挫折时积极面对，勇敢做出选择。这也是这位父亲的高明之处，并不是一贯地将信息用长辈说教的口吻传递给接收者，而是用接收者可以接受并认同的方式进行信息传递，使女儿很深刻地理解了面对困难可以做出不同选择的道理。此外，非正式的沟通渠道营造的近距离氛围也在一定程度上使信息接收者减少了抵触情绪，对于成功沟通具有一定作用。

总之，沟通无处不在，沟通效果不仅取决于我们如何说，还在于我们的话是否被人理解，成功的沟通不在于话语的多少，成功的沟通往往是那些能抓住对方心理的交流。

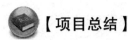

【项目总结】

在本项目中，我们介绍了沟通的基本理论，重点要求学生掌握沟通的概念和沟通的运行原理，熟悉沟通的各种形式，并通过对日常生活和工作中出现的各种沟通现象进行分析，帮助学生构建良好的沟通理念，培养沟通能力。

【项目练习】

1. 思考练习题

（1）一分钟自我介绍。

（2）分小组介绍宿舍、专业、学校或者一位朋友家人。

（3）举例说明沟通在工作和生活中的重要性。

2. 案例分析

黄金有价情谊无价

丽思·卡尔顿（Ritz Carlton），一个在全球酒店业享有盛誉的国际顶级品牌，在现代酒店业发展史上有着举足轻重的地位。一直以来，丽思·卡尔顿以其奢华、典雅、雍容和华贵的品牌气质屹立于世界知名豪华饭店之林，其品牌文化、经营理念和服务风格成为业界的楷模。在它的服务文化中，有一项非常重要的内容，就是它的黄金服务文化。

丽思·卡尔顿酒店将宾客对产品和服务的要求作为该酒店服务最重要的黄金标准，主要包括信条、格言和分三步走的服务程序以及20条基本准则。

（1）信条。对丽思·卡尔顿酒店的全体员工来说，顾客利益是酒店服务的首要出发点。信条包括：一是使宾客得到真实的关怀和舒适是其最高的使命；二是员工要保障为客人提供最好的个性化服务和高雅华贵的服务设施，让客人始终感受到热情、轻松和幽雅的服务环境与氛围；三是要让客人在丽思·卡尔顿酒店的经历产生一种愉悦而幸福的感受，要尽力满足客人的潜在愿望和要求。

（2）格言。丽思·卡尔顿酒店的服务格言是："我们是为绅士和淑女服务的绅士和淑女。"这一座右铭表达了两种含义：一是员工与顾客是平等的，不是主人和仆人的关系，是主人与客人的关系，这是一种全新的、基于平等基础的服务理念；二是酒店提供的是人与人的服务，强调服务的人性化与人情味儿，保持了欧洲特有的、传统的人性化的服务风格。

（3）服务三部曲。丽思·卡尔顿酒店秉承其品牌创始人塞萨·丽思的服务传统，将其服务程序概括为直观的"三部曲"。

①热情、真诚地问候宾客，如果可能的话，使用宾客的姓氏称呼客人；

②对客人的需求做出预期的判断并积极满足宾客的需要；

③亲切地送别，热情地说再见，如果可能的话，做到使用宾客的姓氏向宾客道别。

服务三部曲的详细规定，使原则化规定变成了细致的服务过程要求。通过严谨的细节要求，将精益求精的服务理念落实到具体的操作过程中。在此基础上，丽思·卡尔顿酒店又规定了员工需要履行的 20 条服务守则，进一步将各项服务标准细化为行动指南。

问题：为什么说丽思·卡尔顿酒店的黄金服务标准是酒店沟通？请说明酒店服务和沟通的关系。

3. 小测试

你是否令人讨厌？

对下列问题做出"是"或"否"的选择。   是   否

（1）在匆忙行走的路上，别人向你打招呼："你好啊！"你会停下脚步同他聊聊吗？   □   □

（2）与朋友交谈时，你是否总以自己为中心？   □   □

（3）聚会中不到人人都疲倦时，你不会告辞吗？   □   □

（4）无论别人有没有要求，你都会主动提出建议，告诉他应该如何去做吗？□ □

（5）你讲的故事或逸事是否总是又长又复杂，别人需要耐心去听？ □   □

（6）当他人在融洽地交谈时，你是否会贸然插话？   □   □

（7）你是否经常会津津有味地与朋友谈起一些他们不认识的人？ □   □

（8）当别人交谈时，你是否会打断他们的谈话内容？   □   □

（9）你是否觉得自己讲故事给别人听，比别人讲给你听有意思？ □   □

（10）你要朋友信守诺言，常提醒他"你记得……吗"或"你忘了吗"，如果他们忘了，你是否会坚持说他们一定记得？   □   □

（11）你是否坚持要朋友看你认为有趣或值得一看的东西？   □   □

（12）你是否打电话或发信息时说个没完，让其他人着急？   □   □

（13）你是否经常发现朋友的短处，并要求他们改进？   □   □

（14）当别人谈到你不喜欢的话题时，你是否就不说话了？   □   □

（15）对自己种种不如意的事情，你是否喜欢找人"诉苦"？   □   □

评分规则：

每题答"是"计 1 分，答"否"计 0 分，将各题得分相加，统计总分。

你的总分：

如果超过 5 分，说明你有许多方面令人讨厌，在日常交往中要注意改进。

项 目 二

如何进行有效的沟通

【思政目标】

　　本项目旨在帮助学生在学习语言沟通及非语言沟通过程中坚守中华文化立场，深化文明交流。尤其在社会人际交往中，传播好中国声音，展现可信、可爱、可敬的中国形象。

【项目目标】

　　本项目要求学生了解沟通中存在的各种问题及障碍，学会如何解决问题、克服障碍。理解倾听在沟通中的重要性，掌握倾听的艺术。学习非语言沟通，熟练地运用各种非语言沟通的方式。通过学习大学生的沟通技巧，提高人际交往能力，为今后走向社会打下基础。

【项目任务】

　　1.分析沟通和倾听障碍。
　　2.掌握沟通和倾听的艺术。
　　3.学会简单的非语言沟通方式。
　　4.提高大学生沟通技巧。

【案例分析】

一次不欢而散的谈话

某酒店王经理和员工李春谈话，这是对李春迟到和缺席的第二次警告。李春争辩道，在同事中，他的工作做得最多。王经理知道李春是一名很好的员工，但不能容忍他违反公司的制度。

王经理：小李，你知道今天早上为什么叫你来。上个月我们谈论过你的问题，我想你一定会改进。但当我检查月度报告时，发现你又迟到了四次，而且多休了两天病假。这说明你根本不把我们的谈话当回事。小李，你的业绩很好，但态度不佳，我再也不能容忍你这种行为了。

李春：不错。我知道我们上个月谈过，我也努力准时上班，但是最近交通非常拥挤。工作的时候我是非常投入的，你应该多注意我的工作效率，与我们组的老王比，我的工作量大很多。

王经理：现在不关老王的事情，而是在谈你的问题。

李春：不，应该谈老王和其他几个同事的事。我比大多数同事做得好，而我却在受批评，这不公平。

王经理：小李，我承认你的工作比较出色，但公司的制度很重要。你平均每个月迟到四五次，你不能总这样。我该怎么处置你呢？我真不愿意使用正式的警告，你知道那意味着什么！

李春：是的，我了解问题的严重性，我想我会更加注意，但我认为我比别人工作努力，应有所回报。

王经理：好的，小李。如果没有了这些问题，你的出色业绩会得到回报的。如果你想挣更多的钱或被提升，你应按时上班，遵守公司的规章制度。

李春：好的。我认为你是对的，但对你这样的处理方式我仍持保留态度。

王经理：小李，随你选择。如果你下个月的考勤记录仍不好，我会使用正式警告。

李春：好的，但我还是认为不公平。

相关讨论：

1. 谈话结果如何？请从双方角度分析，为什么会出现这样的结果？

2. 如果你是王经理，你将如何做？

任务一　常见的沟通障碍及克服技巧

所谓沟通障碍，是指信息在传递和交换过程中，由于信息意图受到干扰或误解而导致沟通失真的现象。在人们沟通信息的过程中，常常会受到各种因素的影响和干扰，使沟通受到阻碍。

2.1.1 沟通障碍的主要来源

沟通障碍主要来自三个方面：发送者的障碍、接收者的障碍和沟通通道的障碍。

（1）发送者的障碍。在沟通过程中，信息发送者的情绪、倾向、个人感受、表达能力、判断力等都会影响信息的完整传递。其障碍主要表现在：

① 沟通目的不明确；

② 表达能力不佳；

③ 信息传送不全；

④ 信息传递不及时或不适时；

⑤ 知识经验的局限；

⑥ 对信息有意识或无意识地过滤。

（2）接收者的障碍。从信息接收者的角度看，影响信息沟通的障碍因素主要有如下几个方面：

① 信息译码不准确；

② 对信息有意识或无意识地筛选；

③ 对信息的承受力不佳；

④ 心理上的障碍；

⑤ 受主观因素或现有知识的影响；

⑥ 受情绪影响。

（3）沟通通道的障碍。沟通通道的问题也会影响到沟通的效果。沟通通道障碍主要有以下几个方面：

① 选择沟通媒介不当。例如，对于重要事情而言，口头传达效果较差，因为接收者认为"口说无凭"或"随便说说"而不加重视。

② 几种媒介相互冲突。当信息以几种形式传送时，如果相互之间不协调，便会使

接收者难以理解传递的信息内容。例如，领导表扬下属时面部表情很严肃甚至皱着眉头，就会让下属感到迷惑。

③ 沟通渠道过长。组织机构庞大，内部层次多，从最高层传递信息到最低层，或从最低层汇总情况到最高层，中间环节太多，就容易使信息损失较大。

④ 外部干扰。信息沟通过程经常会受到自然界各种物理噪声、机器故障的影响或被其他事物干扰，或者双方距离太远，沟通效果都会受到影响。

2.1.2 克服沟通障碍的主要方法

针对前述各种常见的沟通障碍，可采用如下方法加以克服。

（1）沟通要有认真的准备和明确的目的性。

沟通者自己首先要对沟通的内容有正确、清晰的理解。重要的沟通最好事先征求他人意见，每次沟通要解决什么问题、达到什么目的，不仅沟通者清楚，而且要尽量使被沟通者清楚。此外，沟通不是下达命令、宣布政策和规定，而是为了统一思想、协调行动，所以沟通之前应对问题的背景、解决问题的方案及其依据和资料、决策的理由和对组织成员的要求等做到胸中有数。

（2）沟通的内容要确切。

沟通内容要言之有物，有针对性，语意要确切、准确，要避免含糊的语言，更不要讲空话、套话和废话。

（3）沟通要有诚意，以取得对方的信任并与被沟通者建立感情。

有人对经理人员的沟通做过分析，其一天中撰写占9%，阅读占16%，言谈占30%，聆听占45%，用于沟通的时间约70%。但一般经理都不是一个好听众，效率只有25%。究其原因，主要是缺乏诚意。缺乏诚意大多发生在自下而上的沟通中。因此，要提高沟通效率，必须诚心诚意地去倾听对方的意见，这样对方也才能把真实想法说出来。

（4）提倡平行沟通。

所谓平行沟通，是指小组与小组、部门与部门、部门与小组等在组织系统中同一个层次之间的相互沟通。有些领导者整天忙于当仲裁者的角色，而且乐于此事，想以此说明自己的重要性，这是不明智的。领导的重要职能是协调，但这里的协调主要是目标的协调、计划的协调，而不是日常活动的协调。日常的协调应尽量鼓励在平级之间进行。

（5）提倡直接沟通、双向沟通及口头沟通。

美国曾对经理人员进行过调查，请他们选择良好的沟通方式：45%的经理认为直接听口头汇报最好，27%喜欢下去检查，18%喜欢定期会议，10%喜欢下面写汇报。另外一项调查是部门经理在传达重要政策时认为哪种沟通最有效，共调查了57人。其中，选择召开会议口头说明的有 28 人，亲自接见重要工作人员的有 18 人，在管理公开会上宣布政策的有 6 人，在内部备忘录上说明政策的有 5 人。这些都说明，倾向于面对面的直接沟通、口头沟通和双向沟通者居多。

（6）设计固定沟通渠道，形成沟通常规。

常规沟通渠道的形式很多，如定期会议、报表、情况报告、相互交换信息等。

总之，克服沟通障碍不只是工作方法问题，更根本的是管理理念问题。发达国家的现代企业流行"开门政策"和"走动管理"，这些基于尊重、了解实情等现代管理理念，沟通只是这种理念的实现途径。因此，如何克服沟通障碍以及如何建立高效、通畅的沟通，都不应就事论事地解决，而应站在管理理念和价值观的高度，妥善地加以处理。

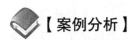 【案例分析】

周恩来总理的沟通艺术

周总理作为中华人民共和国首任外交部部长，在中华人民共和国成立初期面对复杂的国际外交局势立场非常坚定，中国外交史上几次重要表态都是他做出的。总理以大智慧巧妙化解了诸多外交难题，国际社会称周总理是"解决外交难题的能手"。不仅在外交事务上，在一些礼仪及日常沟通中也展现了沟通艺术。

有一次，一个美国记者在采访周总理时在他的办公桌上发现了一支美国产的派克笔，于是便用讽刺的口吻说："请问总理阁下，你作为一个大国总理，为什么还要用我们美国生产的钢笔？"周总理风趣地说："谈起这支笔，话就长了，这是一位朝鲜朋友的战利品，是他作为礼物送给我的，我觉得这礼物也的确很有意义，就收下了。"这位美国记者讨了个没趣，满脸通红，无言以对。

什么叫自搬石头砸自己的脚？这就是一个典型事例。这位记者的本意是中国怎么连好一点的钢笔都不能生产，还要从美国进口，并借此讥讽中国，让周总理难堪，下不来台。结果周总理说这是朝鲜战场的战利品，让这位记者丢尽颜面。

还曾有一位美国记者问周总理："为什么你们中国人把脚下走的路叫马路？"周总理机智地回答说："因为我们走的是马克思主义的路——马路。"这个美国记者接着问道："我们美国人走路都是仰着头，为什么你们中国人走路都是低着头？"周总理微微一笑回答说："有什么奇怪的呢？走下坡路的人总是爱仰起头来，走上坡路的人自然是低下头啦。"

这是何等智慧，又是多么机智。美国官员的话里明显带有对中国人的极大侮辱。在

场的中国工作人员尽管都十分气愤，但外交无小事，肯定不能拍桌子强烈斥责对方的无礼。如果忍气吞声，听任对方的羞辱，那么国威何在？周总理的回答让美国人领教了什么叫作柔中带刚、绵里藏针，最终尴尬、窘迫的是美国人自己。

总理也非常注重外交礼仪。有一次，到机场送外宾登机，总理站在飞机下面跟外宾挥手告别。正在这时，风雨大作，总理坚持不走，迎着风雨站着，直到飞机滑向跑道才离开。总理一贯重视礼宾工作，他认为交际礼仪的基本要求就是彬彬有礼、不卑不亢。比如周总理每一次和外宾握手都是目光炯炯，注视着对方。周总理和一个外宾握过手后，过了几年再次见面握手，总理还知道他是谁。

最值得一提的是总理倡导进行"礼宾革命"。中华人民共和国成立初期礼宾规格一些是从资本主义国家学来的，还有一些从当时的社会主义国家学来的。总理认为，这些东西不完全适用于中国，我们得创造出自己的礼宾礼仪。在他的提议下，一些繁文缛节被取消了。比如过去欢迎国宾都是在长安街悬挂标语、彩旗，在大北窑、木樨地竖起来访领导人的画像，有时还要在机场举行几千人的欢迎仪式，这些后来都取消了。总理亲自规定了一些宴会的标准，并改革了国庆贺电的处理办法等，把中国的礼宾水平提高到一个新阶段，具有了自己的外交特色。

资料来源：http：//www.sina.com.cn，https：//www.163.com/dy/article/GOLLLMA205373CFJ.html.

任务二　常见的倾听障碍及克服技巧

沟通首先是倾听的艺术。研究表明，在听、说、读、写四种沟通形式中，倾听占沟通时间的40%，而说话、阅读和写作分别占32%、17%和11%。据了解，学生在学校平均每天有46%的时间在听，而其中66%的时间是听老师讲课。然而，效果如何呢？尽管花很多时间去倾听，但对方所说的75%左右的内容通常被忽视、被误解甚至被遗忘。那么，我们如何才能做到认真地倾听呢？下面所讲到的专注、跟随、保持公正，就是在倾听时所要掌握的技巧。

2.2.1 倾听的作用

从人际沟通的角度看，人际关系是一种相互问询的关系。人际沟通的基本特性是说话者与听话者沟通关系的完整性。人际沟通必须保持听与说的回应关系，保持心与心对话的交流。因此，人际沟通不仅需要言语，更需要倾听。

倾听者会聚精会神，调动知识、经验储备及感情等，使大脑处于紧张状态，接收到信号后，立即加以识别、归类、解码，做出相应的反应，表示出理解或疑惑、支持或反对、愉快或难受等。听一番思想活跃、观点新颖、信息量大的谈话，倾听者甚至比谈话者还要疲惫。因为倾听的人总要不断调动自己的分析系统，修正自己的见解，以便于和说话人思维同步。一般来说，倾听有以下几个主要作用：

（1）倾听是了解对方需要、发现事实真相的最简捷的途径。在双方的互相沟通中，掌握信息是十分重要的。一方不仅要了解对方的目的、意图、打算，还要掌握不断出现的新情况、新问题。因此，对话的双方十分注意收集整理对方的情况，力争了解和掌握更多的信息。但是没有什么方式能比倾听更直接、更简便地了解对方的信息了。

（2）倾听使人更真实地了解对方的立场、观点、态度和沟通方式。不能否认，谈话者也利用讲话的机会，向你传递错误的信息或是对他有利的情报。这就需要倾听者保持清醒的头脑，根据自己所掌握的情况不断地进行分析，确定哪些是正确的信息，哪些是错误的信息，进而了解对方的真实意图。

（3）注意倾听是给人留下好印象、改善双方关系的有效方式之一。因为专注地倾听别人讲话，则表示倾听者对讲话人的看法很重视，能使对方对你产生信赖和好感，使讲话者形成愉快、宽容的心理，变得不那么固执己见，更有利于双方妥协。

（4）倾听和谈话一样具有说服力，它常常使人不花费任何力气，取得意外的收获。因为良好的倾听者很容易获得对方的信任与好感，从而能够顺利地与对方达成协议。

（5）倾听对方的谈话，还可以了解对方态度的变化。有些时候，对方态度已经有了明显的改变，但是出于某种需要，却没有用语言明确地表达出来，但我们可以根据对方"怎么说"来推导其态度的变化。例如，当对话进行得很顺利，双方关系很融洽时，双方都可能在对方的称呼上加以简化，以表示关系的亲密。如李××可以简称为小李，王××可以简称为老王等。如果突然改变了称呼，一本正经地叫李××同志，或是他的官衔，这种改变是关系紧张的信号，预示着对话将出现分歧或困难。

2.2.2 常见的倾听障碍

倾听是困难的，有许多原因会使你分散注意力。有时候你可能有意或无意间设置了倾听障碍。这里，障碍意味着一种阻碍对话顺畅进行的行为。表2-1中所列出的是一些常见的倾听障碍。

表2-1 倾听中的障碍

1. 回避、走神	6. 评判、批评
2. 争论、长篇大论	7. 责备、不当回事
3. 指挥、命令	8. 讯问、分析
4. 警告、威胁	9. 说教、提忠告
5. 分析、判断	10. 抚慰、同情

既然倾听过程中存在那么多障碍，为了消除障碍，我们有必要对引起这些障碍的原因进行分析，从而尽可能避免障碍的存在。

（1）注意力不集中。这是最常见的阻碍倾听的因素。当人疲惫、胡思乱想或是对说话者所传递的信息不感兴趣时，都很难集中注意力。

（2）缺乏自信。这是阻碍倾听的重要因素之一。倾听者缺乏自信会产生紧张的情绪，这种情绪一旦占据了思维，就会使其无法把握说话者所传递的信息。也正是为了掩饰这种紧张情绪，许多倾听者总是在应当倾听的时候擅自发言，打断说话者。

（3）过于关注细节。如果倾听者过于关注细节，尝试记住所有的人名、事件和时间等细节方面的信息，那么就会觉得倾听太"辛苦"了。当大脑来不及对所有信息进行处理时，就会使得到的信息大打折扣，从而影响对重要信息的判断收集。

（4）倾听者的态度问题。当倾听者心存偏见或对沟通的重视程度不够时，都会对信息做出错误的判断或者主观的忽视，这都会使沟通效果产生影响，从而失去许多掌握重要信息的机会。

2.2.3 提升倾听技巧的方法

良好的倾听对于大多数繁忙的人来说是不容易做到的。我们必须要有意识地努力摒弃错误的倾听方式，提高倾听的效率。在常见的沟通过程中，作为倾听者可以采用以下语言表达方式来增加沟通双方的相互理解（见表2-2）。

表2-2 倾听者可用于增加理解的技巧

1. 表示认可，例如	表示感兴趣，鼓励对方说下去
"唔，嗯……" "我明白了。" "我理解。" "我们来看一看并讨论一下你的观点。"	

2. 澄清问题，例如	澄清或确认某一信息
"你具体说的是什么意思？" "你能解释一下你的想法吗？" "我对你的话的理解是……我理解对了吗？"	
3. 重复对方的论述，例如	**让对方继续说下去**
"你认为他休息而你没有，这是不公平的。" "你认为工作间要多增加一个人？" "你认为受到的待遇和其他人不一样？"	
4. 总结性核实，例如	**把要点集中起来以便确认是否理解，回顾进展，引发继续讨论**
"我们先停一停，回顾一下刚才的问题" "这正是你要说的关键问题？" "概括起来，我听到的你的想法是……"	

具体来说，提高倾听技巧的方法主要有：

（1）保持开放的心态。

（2）让自己对主题或说话者感兴趣。

（3）不应过度关注说话者的相貌、衣着或表达方式。

（4）调整好自己的生理和心理状态。

（5）特别关注自己不熟悉的信息。

（6）积极地进行倾听。

（7）抵制让自己分心的因素。

（8）不要过早下结论。

（9）倾听时不应该过于拘谨。

（10）专注于说话者的主要论点。

（11）复述说话者所传递的重要信息。

（12）倾听时适当地做笔记。

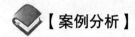【案例分析】

善于倾听，你会更成功

林利在应聘某科技公司高级文秘的面试中，遇到一名口若悬河的面试官，林利凭着自己得体的表情、语言顺利地被该公司录取了。

林利是进入该公司最后一轮面试的两名求职者之一。面试一开始，面试官就滔滔不绝地向她介绍公司的情况。林利开始感觉很轻松，边听边点头，但慢慢发现面试官越说越兴奋，而且没有重点，根本不给自己发挥的机会。她开始感觉有点儿紧张，但她极力掩饰不安，试图趁面试官说话的间隙转换一个话题，改变被动的面试局面。然而，她很快发现这套不管用，面试官根本不予理会，只是在淋漓尽致地表现自己。

这时，聪明的林利采取了"以静制动"的应对方法，在面试官的表达出现卡壳的时候，给予恰当的提示，并尽量让自己融入他的"演讲"中，不断点头、微笑……"演讲"结束时，面试也跟着完毕了，出乎意料的是，林利被当场录取。

点评：

林利采用的策略其实是"倾听别人"。很多哲人都说人应该学会倾听，因为倾听表示你具有良好的沟通能力与合作能力，也表示你个人非常值得信任，更体现了一定的团队精神。其实团队精神不仅仅针对应聘者，还包含了面试官和应聘者的合作。

任务三　非语言沟通技巧

你也许遇到过这种情况：在你和别人交谈时，他时不时看表，并对你不自然地微笑。这时，你就该知趣地告辞了。你从什么地方知道对方不愿意再听你讲下去了呢？——这就是非语言信息。对方时不时看表，说明他另有安排；他对你不自然地笑，说明他不好意思打断你的话，并告诉你他想离开了。

2.3.1 什么是非语言沟通

所谓非语言沟通，就是指不通过口头语言和书面语言，而是通过其他的非语言沟通技巧，如声调、眼神、手势、空间距离等进行沟通。因为非语言沟通大多通过肢体语言体现出来，所以通常也叫肢体语言沟通。人们有时候有意识地运用非语言沟通技巧，而有时候它又是下意识的行为。据学者统计，高达93%的沟通是非语言的，其中 55% 是通过面部表情、形体姿态和手势传递的，38% 通过音调。另外，在信息传递的全部效果中，有 7% 是词语，38% 是声音，而身体语言沟通所起的效果最明显，达55%，因而我们可以断言，与有声语言相比，身体语言的真实性要强得多。特别是在情感的表达、态度的显示与气质的表现等方面，身体语言更能显示出它所独有的特性和作用。

我国《三国演义》中脍炙人口的故事"空城计"，正是诸葛亮用无声语言克敌制胜的技巧，真可谓"眉来眼去传情意，举手投足皆语言"。巧妙地运用语言与非语言两种信息传递方式，不仅可以使人们绘声绘色地讲述，还可以通过丰富多彩的表情、姿态、动作，获得形象的感受。同时，准确、优美的身体语言可以体现管理者高尚的文化修养，增加对沟通对象的吸引力。

2.3.2 非语言沟通的特点

多种多样的非语言沟通具有四个共同特点：

（1）非语言沟通是由文化决定的。很多非语言沟通对我们所隶属的文化或亚文化而言是独特的。一般来说，大多数非语言行为是在孩提时期学到的，由父母和其他相关群体传给的。特定的社会和文化群体形成特定的风格，不同的性别、种族、地区、受教育程度等都对非语言沟通具有一定的影响。

（2）非语言信息可能与语言信息矛盾。语言信息是经过精心加工形成的，而非语言行为一般是根深蒂固和无意识的行为，是沟通主体内心情感的自然流露，很容易在沟通中不知不觉地表现出来。我们在现实交际中，经常会发现"言行不一"的现象，这就需要我们去仔细判断沟通双方的真情实感。

（3）非语言沟通在很大程度上是无意识的。当你感觉身体不舒服，你的同事很快就能知道，并问你："怎么了？"他是从你脸上不自觉地显现出的痛苦表情知道的。愤怒的时候我们会握紧拳头，忧愁的时候我们会紧缩眉头，高兴的时候我们会嘴角上扬，这些举动都是发自内心的无意识活动。

（4）非语言沟通反映了情感和态度。人的面部表情、手势、形体动作以及目光的使用，都向他人传递了一定的情感和情绪，包括愉悦、悲哀、惊讶、恐惧、愤怒和兴趣。研究表明，绝大多数人能通过说话的声音准确地识别所表现出来的情绪。当然，在工作中，非语言沟通也能反映出工作态度，态度比能力更重要。

2.3.3 非语言沟通的形式与技巧

非语言沟通的形式有很多，这里主要介绍以下几种：

（1）辅助语言。不同的声音、口气、声调和节奏等都对我们的思想产生一定的影响。辅助语言包括说话的速度、音调高低、音量和音质等，当这些因素中的任何一个或全部加到词语中时，沟通的现场感就立即显现了。

（2）身体动作。身体动作语言包括人们的躯体、四肢动作、姿态以及身体之间、身体和物体之间的触摸等。比如手、肩、头部和脚步等，有人喜欢背手，有人习惯双臂交叉于胸前，还有人习惯坐下跷二郎腿等，这些都或多或少地反映了不同的内心活动。

（3）面部表情。这是非语言沟通的最主要表达方式，据研究表明，人的脸部大约能做出25万种不同的表情，能反映人的基本情感以及各种复杂的内心世界。尤其是眼睛，可以反映一切心灵中蕴含的情感。当然除了五官，还有微笑，这是在社交活动中最常使用的非语言沟通方式，在酒店服务业中微笑更是一切服务的"灵丹妙药"，是解决所有问题的"万能钥匙"。

（4）空间距离。在这里指的是沟通者之间的交往距离。通过控制双方的空间距离进行沟通，比如双方的位置、朝向以及距离等，都反映了沟通者之间的亲密程度。

（5）服饰与仪态。穿着打扮反映一个人的精神面貌、文化修养和审美水平，同时也反映出其地位、归属、遵循的规范等，它给人留下至关重要的第一印象。在某些重要的社交场合，如拜访、谈判、宴请等场合，穿着、化妆、礼仪要求等都是非语言沟通的重要要求。

【案例分析】

一、听话听音

一位大婶到邻居家串门说了以下一番话，你能猜出这位大婶说话的真实意图吗？

"哟，大兄弟、大妹子，哟，还有大侄子，你们都在呢！刚吃完饭吧？你瞧我来得真不是时候，我是说好些日子不来坐坐啦，老不照面就显得生分了。俗话说，远亲不如近邻！你们吃的什么饭？今儿个我买的洋白菜可真好，又嫩又甜，我们小柱最喜欢吃洋白菜了。要说小柱的功课可不如大侄子好哇，也脑膜，不爱搭理人儿。这不是，他们老师说学校组织到郊区那叫什么——'满足'，不，不是'满足'，好像是远足。小柱不敢去，他自个儿没出过门儿，怕丢了。我就告诉他说：'怕什么，有隔壁你大哥呢，他还不照顾你吗'……"

二、判断说话者性格

从下面人物的话语中判断说话者的性格。

"那么，我对你说。迅哥儿，你阔了，搬动太笨重，你还要什么这些破烂木器，让我拿去吧。我们小户人家，用得着。"

"我并没有阔哩，我必须卖了这些，再去……"

"啊呀呀，你放了道台了，还说不阔？你现在有三房姨太太；出门便是八抬的大轿，还说不阔？什么都瞒不过我。"

我知道无话可说了，便闭了口，默默站着。

"啊呀啊呀，真是愈有钱，便愈是一毫不肯放松；愈是一毫不肯放松，便愈有钱……"圆规一面愤愤地回转身，一面絮絮地说，慢慢向外走，顺便将我母亲的一副手套塞在裤腰里，出去了。

资料来源：鲁迅：《故乡》.

任务四　大学生沟通的技巧与艺术

处于青春阶段的大学生，思想活跃、感情丰富，人际交往的需要极为强烈。人人都渴望真诚友爱，大家都力图通过人际交往获得友谊，满足自己物质和精神上的需要。但面对新的环境、新的对象和紧张的学习生活，一部分学生心理矛盾加剧。此时，积极的人际交往、良好的人际关系，可以使人精神愉快、情绪饱满、充满信心，保持乐观的人生态度。

2.4.1 大学生掌握沟通技巧的重要意义

大学生是祖国的未来，是祖国未来发展的中坚力量，是我国深入实施人才强国战略的主要对象。一般来说，具有良好人际关系的学生大都具有开朗的性格和热情乐观的品质，从而能够正确认识、对待各种现实问题，化解学习、生活中的各种矛盾，形成积极向上的优秀品质，迅速适应大学生活。相反，如果缺乏积极的人际交往，不能正确地对待自己和别人，心胸狭隘，目光短浅，则容易形成精神上、心理上的巨大压力，难以化解心理矛盾。严重的还可能导致病态心理，如果得不到及时的疏导，可能形成恶性循环而严重影响身心健康。

大学生正处在人生的黄金时代，心理、生理和社会化方面正逐步走向成熟。但在这个过程中，一旦受到不良因素的影响，就容易出现焦虑、紧张、恐惧、愤怒等不良情绪，影响学习和生活。实践证明，友好、和谐、协调的沟通有利于大学生对不良情绪和情感的控制和发泄。

　　大学生情感丰富，在紧张的学习之余，需要进行彼此之间的情感交流，讨论理想、人生，诉说喜怒哀乐。沟通正是实现这一愿望的最好方式。沟通，可以满足大学生对友谊、归属、安全的需要。通过沟通，大学生可以更深刻、生动地体会到自己在集体中的价值，并产生对集体和他人的亲密感和依恋之情，从而获得充实的、愉快的精神生活，促进身心健康。

　　现代社会是信息社会，信息量之大、信息价值之高，是前所未有的。人们对拥有各种信息和利用信息的要求，随着信息量的扩大也在不断地提高。通过人际交往，我们可以相互传递、交流信息和成果，丰富经验，增长见识，开阔视野，活跃思维。

　　孔子曾说过："独学而无友，则孤陋而寡闻。"沟通可以帮助我们加深对自身的认识，以及对别人的认识。在沟通过程中，彼此从对方的言谈举止中认识了对方；同时又从对方对自己的反应和评价中认识了自己。交往面越宽，交往越深，对对方的认识越完整，对自己的认识也就越深刻。只有对他人认识全面，对自己认识深刻，才能得到别人的理解、同情、关怀和帮助。

　　沟通是协调集体关系、形成集体合力的纽带，同时一个良好的集体能促进青年学生优良个性品质的形成，如正义感、同情心、乐观向上等都是在民主、和睦、友爱的人际关系中成长起来的。良好的沟通还能够增进学生的集体凝聚力，成为集体中最重要的教育力量。

　　日前一项针对大学生职业适应能力的调查显示，有41.9%的学生认为沟通能力的训练是"找工作时对自己特别有帮助的教育内容"，大大超过了专业能力训练（14.9%）、基础知识与技能的训练（17.5%）和心理素质教育（17.5%）等其他知识能力。而在回答"通过择业，你感到自己特别欠缺的素质是什么"时，选择沟通能力的比例最高，达34.8%，排在分析与解决问题的能力（28.8%）、操作技能（25.9%）、基础知识（4.6%）之前。

　　天津师范大学教育科学院心理研究所主任贾晓波教授认为，调查结果表明越来越多的大学生意识到，沟通能力的欠缺已经成为求职路上的"拦路虎"。据贾晓波介绍，良好的社交心理素质与沟通技巧不是与生俱来的，只有在社会化过程中不断地接受系统训练才能习得。而目前，沟通能力的培养恰恰是教育教学内容中的薄弱环节。

2.4.2 大学生沟通处事的技巧建议

　　大学生在沟通处事时应掌握一定的技巧：

　　（1）看穿但不说穿。很多事情，只要自己心里有数就好，没必要说出来。

　　（2）高兴就笑，让大家都知道。悲伤，就假装什么也没发生。

（3）不违背原则的情况下，对别人要宽容，能帮就帮，不要把人逼到绝境。

（4）不要总在别人面前倾诉自己的困境，袒露自己的脆弱。

（5）快乐最重要，和让自己快乐的人在一起，远离让自己伤心的人和事。

（6）没有十全十美的东西，没有十全十美的人，关键清楚自己到底想要什么。得到想要的，肯定会失去另外一部分。如果什么都想要，只会什么都得不到。

（7）在某些情况下，善忘是一件好事。它可以使人变得宽容和大度，而不是终日拘泥于一些微不足道的事情。

（8）两个人同时犯了错，站出来承担的那一方才叫宽容。

（9）对自己不喜欢的人，可以报之以沉默微笑。

（10）不要做刺猬，尽量不与人结仇，有些事情也没必要记在心上。

（11）学会妥协的同时，也要坚持自己最基本的原则。

（12）不要停止学习。不管什么都可以学习，语言、厨艺……

（13）钱很重要，但不能依靠别人或父母，自己一定要有自力更生的能力。

（14）不要太高估自己在集体中的力量，因为选择离开时就会发现，即使没有自己，太阳照常升起。

（15）过去的事情可以不忘记，但一定要放下。

（16）即使输掉了一切，也不要输掉微笑。

（17）无论做了什么选择，都不要后悔，因为后悔也于事无补。

（18）不要因为冲动说一些过激的话。

（19）不要轻易许下承诺，做不到的承诺比不承诺更可恶。

（20）不要觉得不了解也会有爱情。在不了解的时候，仅仅是喜欢，达不到爱情。彼此的缺点暴露出来以后，很多时候喜欢也就结束了。

（21）说话可以很直接，直爽总比虚伪好。

（22）对自己好一点，心情不好的时候，什么都别考虑，大吃一顿吧！

【项目总结】

在本项目中我们介绍了沟通中存在的各种问题及障碍，要求学生学会如何解决问题，克服障碍。重视倾听在沟通中的作用，掌握倾听的技巧。同时熟悉各种非语言沟通的方式，不断丰富大学生的沟通知识。

【项目练习】

1. 思考练习题

（1）分小组介绍一次失败沟通的经验。

（2）请各小组分别总结每一个成员的日常肢体语言特点。

（3）假如你在生活中遇到外宾，你将如何介绍自己的家乡旅游资源。可尝试从中华文明传播的角度，介绍家乡的历史、物产、风景、人文、美食等方面的内容。

2. 案例分析

兼听则明

倾听，是有效沟通的一个重要因素。我国古代历史中有很多名人都是非常善于倾听的人。

刘邦击败项羽后，曾一度定都洛阳，这很符合关东出身的宿将功臣们的家乡情结。当一个籍籍无名的小卒娄敬，因戍守陇西，路过洛阳，向长官提出要直接觐见皇帝时，身为九五之尊的刘邦竟然答应了。娄敬穿着脏兮兮的老羊皮袄，在大殿上向刘邦陈述了关中形胜，秦人可用，应在长安定都的方略。刘邦征求群臣的意见，群臣皆反对。只有张良赞成娄敬的建议，并列举了定都长安或洛阳的利弊。刘邦当机立断，接受了小卒娄敬的建议，即日车驾西行，定都长安。并封娄敬为郎中，号曰奉春君，赐姓刘。有关定都这样一个重大的决策，居然能够接受一个无名小卒的建议，并立即付诸实施，古今中外，除了汉高祖刘邦，恐怕再无第二例。

明朝开国皇帝朱元璋曾是一介草民，最终能够登上皇帝的宝座是单凭他的才能吗？对此很多历史学家持否定观点。朱元璋府中的幕僚，在他的成功路上起着不可磨灭的作用。从鄱阳湖打败陈友谅，到平江消灭张士诚，再到大军北伐统一江山，朱元璋在做出大的决定之前，都把他的幕僚招到身边，仔细聆听他们的看法，并向他们征求意见。而这一点，在朱元璋登基做了皇帝后表现得更为明显。他从做皇帝的第一天起，就每天都有一个固定的时间，在后花园邀请一些名人儒士，听他们讲解儒家学说，听他们谈论治国之道，听他们献言献策，每次都认真地聆听。这种善于倾听、善于纳谏的做法，为朱元璋早日稳定江山、实现国家富强的政策制定提供了最真实的来源。

"兼听则明，偏信则暗。"倾听是人的本能，通过倾听来接收外界的信息；倾听是了解认识这个世界的重要途径。倾听就像海绵一样，汲取别人的经验与教训，使自己在人生道路上少走曲折的弯路，经过有目标的艰苦奋斗，顺利地到达理想目的地。

问题：请结合自身实际，谈谈今后你将怎样做一个善于倾听的人？

酒店沟通理论综述

【思政目标】

本项目旨在帮助学生在酒店工作中构建良好的沟通意识和工匠精神，在今后工作中弘扬劳动精神、奋斗精神、奉献精神、创造精神和勤俭节约精神。

【项目目标】

本项目要求学生了解酒店沟通的基本内容，从管理沟通和服务沟通两方面来介绍酒店沟通的理论知识，掌握酒店沟通的原则，培养良好的沟通意识，具备基本的服务沟通能力。

【项目任务】

1.掌握酒店沟通的基础知识。

2.熟悉管理沟通的原则。

3.掌握服务沟通的知识。

4.培养服务工作中的工匠精神。

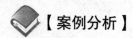【案例分析】

初入职场

新员工小李进店一个月以来，一直不能单独上岗。他自己也很着急，经常加班加点"恶补"到很晚。刘经理见状，便找其谈话。小李一进办公室，便会脸涨得通红，支支吾吾，半天答不上一句话，谈话继续不下去了。刘经理找来班组主管全面了解小李的情况之后，心中有了底。第二天，刘经理直接到班组找小李，在空闲时将其叫到一旁与其交谈，从其家庭、学习情况，到其对酒店岗位的认识和了解。慢慢地，小李打开了心扉，话也多了起来。他认识到，原来与上级交流也不是件难事。从此，小李在工作上进步很快，不久就能单独上岗了。

管理人员与下属交流时，应该注意营造一种良好氛围，因为良好的气氛是谈话、讨论工作、集思广益的重要前提。

任务一　酒店沟通概述

在现代酒店企业里，所有工作的完成都依赖于沟通。管理者的大部分时间需要花在与员工、宾客、媒体和社区等公众的交往与沟通中，服务人员的大量工作也通过沟通来实现。因此，现代酒店从业人员的主要素质之一就是具有善于交流沟通的能力。酒店各级人员既要协调组织目标和个人目标，又要扮演"沟通枢纽"的角色，这都需要了解沟通知识，掌握各种沟通技能。

3.1.1 酒店沟通的内容

由于酒店部门众多，组织层级结构复杂，工作流程的规范化和标准化要求程度高，所以沟通在酒店运营中就显得尤为重要。根据酒店的工作性质和工作范围，酒店沟通可以分为两大类：

（1）管理沟通，也称为组织沟通，这是酒店内部管理的基本内容。任何一家酒店组织都包含着许多子系统，各子系统之间彼此关联、促进，也彼此矛盾、冲突。一家酒店组织也是由各级员工组成的一个集合体，各个层次的员工之间客观存在向上、向下、横向等关系中同样存在相互联系、促进、矛盾和冲突。这就需要通过有效的协调、沟通，使各种力量和行为统一到为实现酒店组织共同目标而努力的方向上来。

根据组织成员的沟通行为，管理沟通可以分为正式沟通和非正式沟通；根据组织沟通渠道，管理沟通可以分为上行沟通、下行沟通和平行沟通。

（2）服务沟通，也称为客户沟通，这是酒店对外沟通的重要内容。只有每一位员工都站在顾客立场上去解决问题，才能更好地为客户服务，赢得市场。这需要每一位员工都掌握更多的人际沟通策略和技巧。

3.1.2 酒店沟通的特点

为了提升酒店管理效能和员工工作效率，使沟通得到良好效果，酒店沟通应具备以下几个特征：

（1）准确。信息发送者的思想、观点、情感与接收者的思想、观点、情感完全一致，那只是信息沟通的理想状态。为了提高交流和沟通的准确度，要尽可能地使编码与译码的含义接近，因此酒店信息的沟通应尽可能地准确。

为了保证信息的准确性，当信息要求特别引人注意时，重复是极其重要的。我们就需要采用多种办法来强化一种信息。无论是酒店的管理制度、服务流程还是产品信息，都需要采用多种形式的宣传方式，才能保证较高的工作效率和良好的传播效果。

（2）简洁。良好的沟通往往通过极少的语言、简练生动的文字来传递大量的信息。无论是同员工还是和顾客沟通，都需要信息简练、方式便捷的沟通来完成。效率永远是酒店管理者和顾客共同追求的目标。

（3）及时。信息沟通的及时性是十分重要的。例如，告诉一位前台员工三天前他对一位宾客的问题处理是不适当的，显然没有比事情发生时及时给他反馈指导的作用大。当然，酒店管理的报告和酒店政策规定的实施，更要有时效性，如果拖延时间太长，就不可能成为酒店管理和控制的工具。

3.1.3 酒店沟通的作用

在酒店行业中，沟通是伴随管理全过程的一种管理行为，没有有效的沟通，就不可能有酒店的高效管理。在其他行业中也同样如此。可以这样认为：在沟通中进行管理，在管理中促进沟通，有效沟通是实现现代企业高效管理的必经之路。酒店业是一个典型的服务性行业，又是一个劳动密集型行业。这样的行业特性决定了在酒店管理过程中，不仅要加强与客人及社会公众的沟通（外部沟通），还要加强与员工的沟通（内部沟通）。由沟通不畅所引发的各种问题已经引起了酒店管理者和学者们的重点关注。沟通，特别是有效沟通，在酒店管理中的重要性日益凸显。

（1）酒店外部沟通的作用。酒店外部沟通是指酒店对顾客和社会公众的沟通。"顾客就是上帝"这是酒店业中常用到的一句经典名言。顾客是酒店利润的来源，是酒店赖以生存的基础。因此，酒店将顾客放在至高无上的地位上，这是毋庸置疑的。而社会公众是酒店潜在的消费者，是酒店行为的监督者。与公众进行有效沟通同样至关重要。

一是有利于吸引顾客。酒店高大宏伟的建筑与华丽典雅的装饰能给顾客带来视觉上的享受，但一个光有外在美的酒店往往不是一个成功的酒店。酒店最核心的、最具吸引力的是它的服务，而服务是员工对顾客的一种面对面的活动过程。在这个过程中既有言语的沟通，又有身体语言的沟通（包括微笑、鞠躬等）。如果服务员与顾客无法沟通，或者产生了沟通误会，那么顾客一定不会对服务表示满意，甚至会进行投诉。顾客对服务的不满，就是对酒店的不满。一次失败的沟通也许就等于失去了一位顾客。因此，有效沟通对酒店来说意义重大，它能让顾客更好地了解酒店的贴心服务，能让顾客产生对酒店的好感。

二是有利于解决顾客投诉。在酒店管理中常常会遇到顾客的投诉，其实投诉并不可怕，这代表顾客希望酒店能改善服务。但投诉处理的是否妥当，会对顾客产生直接的影响。俗话说"一句话能把人说跳，一句话也能把人说笑"。在解决投诉的过程中，与顾客进行有效沟通至关重要。有效的沟通能够迅速舒缓紧张的气氛，能让顾客了解到事情的全貌，能为酒店树立正面的形象。投诉若能得到妥善处理，大部分顾客会对酒店产生好感，会对酒店更加信任。

三是有利于培养忠诚顾客。忠诚顾客是酒店主要的利润来源。在酒店业中，20% 的忠诚顾客往往能创造 80% 的利润。如何培养忠诚顾客是酒店管理中的一项重要内容。而有效的沟通可以作为培养顾客忠诚感的基石。如何在最短的时间内，让顾客了解到酒店的最新信息；如何在最需要的时刻，给顾客提供最体贴的服务；如何用最简捷的方式，为顾客解决问题。这些都有赖于有效的沟通。一旦沟通畅达，酒店便能了解顾客所需，顾客也能与酒店建立深厚情谊。因此，有效沟通在培养忠诚顾客方面有着重要的作用。

酒店是一个极具传播力的服务窗口，良好的沟通建立不仅可以提升酒店的知名度和美誉度，还能为酒店经营管理带来良性循环，增加经济效益。知名度是指社会公众对一个酒店的了解程度，而美誉度是指社会公众对酒店的信任和赞许程度。知名度和美誉度的建立都有赖于酒店与公众的沟通。酒店的形象在宣传标语、新闻发布、广告推广、社会公益参与过程中，传达给公众。有效的沟通能够使酒店传达正确、及时、积极的信息，通过对外沟通让公众了解酒店的极致服务和一流产品，了解酒店的经营文化和特色，从而产生良好的印象。具有良好沟通能力的酒店往往既能在公众中形成较高的知名度，又能形成良好的美誉度。

（2）沟通在酒店内部管理中的作用。酒店以优质服务取胜，而服务来源于员工的劳动。以前，酒店往往只重视顾客的重要性，而忽略了员工的作用。如今员工在酒店中的作用得到了越来越多的重视，不少酒店甚至提出了"员工是上帝"的新观念。如何迅速、全面地了解员工的需要，如何充分调动员工的积极性，如何保留住酒店人才，这些都与有效沟通有着密切联系。

一是加强对酒店的认同感。好的酒店通常有独特、鲜明的企业文化。通过有效沟通，可以让员工认识到酒店的文化，增强他们对酒店的认知。当员工与酒店文化融合在一起时，员工就会自觉地建立起主人翁的精神，提高工作积极性和责任感。另外，酒店管理者需要经常对员工进行任务陈述和目标陈述。如果沟通不好，会引起员工的反感和抵触情绪。良好的沟通有利于目标的传达和任务的执行，也可促使员工大胆地对任务和目标提出意见和建议，这样可以使企业与员工的认知达成一致。

二是有利于人际关系，增强员工凝聚力。酒店内部人员众多，组织结构较为复杂。如何处理好员工与员工之间，员工与部门之间及部门与部门之间的沟通都是极其重要的。马斯洛需求层次理论显示在满足基本的生理需求后，人们往往需要得到社交和情感方面的满足。交流感情和沟通思想是人们一种重要的心理需要。有效沟通能够促使人们相互了解，能够消除人们内心的紧张与不安，使人们感到心情舒畅，改善彼此之间的关系。另外，增强凝聚力也是提高组织效率的一种重要手段。在酒店管理过程中，管理者应当及时地和员工进行沟通，了解员工的需求，并及时解决员工所面临的困难。这样做，能够使员工感受到酒店的关爱，进而增强员工的凝聚力。

三是有利于留住人才，降低员工流动率。合理的人员流动无论是对社会还是对酒店来说，都是必需而合理的。在其他行业，正常的人员流失一般在 5%～10%。然而，一项统计表明，北京、上海、广东等地区的酒店员工平均流动率在 30% 左右，有些酒店甚至高达 45%，过高的员工流动率将会给酒店带来许多负面的影响。上下级间从思想到感情、兴趣的交流和理解有时候比任何物质刺激都更有效。在广泛的、多样的、充分的沟通中才能增进员工对酒店管理者的决策、政策、目标、计划的了解，及时化解存在或可能产生的各种矛盾，增强团结。同时，酒店管理者在与员工沟通中也加深了了解，增进了感情。因此，有效的内部信息交流就显得十分必要。

在酒店行业中，沟通是伴随着管理全过程的一种管理行为，没有有效的沟通，就不可能有酒店的高效管理。在其他行业中，也同样如此。可以这样认为：在沟通中进行管理、在管理中促进沟通，有效沟通是实现现代企业高效管理的必经之路。

【案例分析】

做好青岛的"免费导游"

一天，在青岛的海景花园大酒店，一位客人来蒸桑拿，康乐部员工在为其服务时听到客人偶然谈到出差快到期了，想给朋友和孩子们买点青岛特产。员工马上想到五四广场的小饰品非常好，便建议客人可以到五四广场看看，在购买小饰品的同时还能顺便欣赏一下五四广场的美景。想到自己次日休息，又担心客人由于不熟悉行情多花钱，便告知客人如果乐意，他可以陪同客人购买，并把自己的电话号码给了客人。第二天一大早，该员工便起床陪同客人前往五四广场。客人想打车，该员工想到坐公交车会更方便，而且还可以欣赏一下东海路雕塑一条街，便建议客人坐公交车前往，还帮助客人刷了公交卡。到了五四广场，员工先向客人介绍青岛标志"五月的风"以及奥运帆船赛的举办地，后又带他去购买了一些小饰品。客人对青岛的小纪念品很感兴趣，于是该员工便协助顾客购买了很多小纪念品，最后陪同客人一起回到酒店。客人为表示感谢，要送给员工礼物，被员工婉言谢绝。

点评：

青岛海景花园大酒店要求对顾客的需求不能说"不"，即使是超出了酒店的服务范围，也要尽最大努力做好延伸服务，使顾客满意。只有这样，才能留住和引来更多的顾客。客人有"免费导游"的潜在需求，员工作为"酒店代表"及时地察觉到客人的难处，并主动帮助客人排忧解难，此时客人已经不是一般的满意、惊喜了，他完全体会到了酒店对他的"良苦用心"，他受到了感动，会对酒店充满感激之情。所以，当客人有个性需求需要满足和有困难需要解决的时候，就是让客人"惊喜和感动"的机会，酒店抓住了机会，就赢得了客人的心，这是创造"忠诚顾客"的情感投资。

任务二　酒店管理沟通

成功的管理需要通过有效的沟通来实现。首先，沟通是管理人员更好地履行计划、组织、领导和控制等职能的润滑剂；其次，沟通与管理人员扮演的多种角色密切相关。因此，合格的管理者所必备的管理技能之一就是管理沟通。

3.2.1 酒店管理沟通的原则

酒店在管理沟通过程中要坚持以下几个原则：

（1）明确性原则。指的是必须将沟通的各项事宜，如渠道的结构，沟通的时间要求、地点要求、内容要求、频率要求等，进行明确、清晰的告知，要尽量避免含混不清。其目的在于使全体沟通成员准确理解酒店所期望的管理沟通要求，明白他们在沟通中所担当的角色，即他们所应当履行的沟通职责和义务。

（2）针对性原则。一是表现为沟通的内容和事宜要有针对性。所有管理沟通的活动与过程设计，都是为了解决酒店管理中的某些具体问题，支持、维护酒店正常高效运行而设置。二是表现为沟通对象的针对性。人们对信息的接收具有个人喜爱憎恶，对不熟悉或具有威胁的信息往往会排斥。有针对性的沟通旨在传递信息时要研究不同对象的不同需要，采取不同的沟通方式方法，保证信息传递的质量。三是表现为沟通模式和机制的针对性。不同酒店的管理与管理沟通具备的内外部条件与管理传统等因素是不同的，这就要求我们在设置酒店管理沟通模式时，必须充分考虑到酒店的实际情况。沟通渠道、方式、内容等方面的设计，必须具有明确的针对性。

（3）控制性原则。首先，对信息进行筛选。由于信息量巨大，沟通时所提供的信息应该是有价值的重要信息；其次，在传递信息时，要适当注意范围的控制。既要防止信息过分保密的倾向，也要防止随意扩散的倾向；最后，要保证沟通信息的质量。信息传递不仅要快，而且还要保证质量，尽可能减少信息传递过程中的干扰因素，保持信息的真实性、有效性。

（4）效率性原则。管理沟通的效率体现在沟通的各个要素和环节中。时间就是金钱，时间就是生命。在激烈的市场竞争中，必须随时保证沟通的高效有序。

3.2.2 酒店管理沟通的步骤

在工作中我们要完成一次有效的管理沟通，一般可以按照六个步骤来进行（见图3-1）：第一步是事前准备；第二步是聆听与确认，通过聆听，确认对方的需求，明确双方的目的是否一致；第三步是阐述观点，即如何发送你的信息、表达你的观点；第四步是处理异议，沟通中的异议就是没有达成共识，对方不同意你的观点，或者你不同意对方的观点，此时应该如何处理；第五步是达成共识，就是完成了沟通的过程并形成了协议，实际在沟通中，任何一个协议并不是一次工作的结束而是沟通的结束，意味着一项工作的开始；第六步是共同实施。

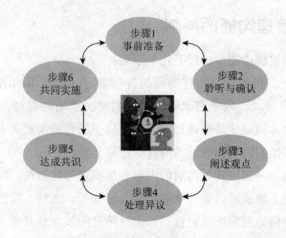

图 3-1　有效的管理沟通"六步法"

（1）事前准备。

在管理沟通中，为了提高效率，要事前做好准备。首先要明确沟通的目标，也就是希望通过这次沟通要达到什么效果；然后分析沟通的事宜、对象，预测可能遇到的异议和争执；接着制订计划，明确沟通的时间、地点、方式、渠道等（见表 3-1）。

表 3-1　事前准备对照表

项目	内容
沟通目的	要解决什么问题，达成什么共识，了解什么情况
时间、地点	考虑沟通的内容和对象的差异，选择合适的时间和地点
渠道、方式	采用正式的或非正式的沟通渠道，采用哪种方式沟通
问题、异议	对方可能有哪些异议，可能会提哪些问题
顾虑是什么	对方是否会有所顾虑，顾虑什么
对策	如何突破对方的心理防线，愿意真诚地沟通

（2）聆听与确认。

在做好准备后，我们将付诸实施，切忌贸然突进。首先应当好听众，进一步了解对方，进而确认其需求。确认需求有三步：提问、聆听和及时确认。

一般来说，提出的问题有两类：封闭式问题和开放式问题。封闭式问题的答案很简单，只有"是"或"不是"，而开放式问题答案则没有限定，可以尽情论述（见表3-2）。

表 3-2　提问方式对照

项目	封闭式问题	开放式问题
典型语句	是吗，是不是，对不对，行不行，还不好，是……还是……	为什么，怎么样，如何，你觉得呢
应答内容	限定的回答	开放的回答
优点	节省时间、控制谈话内容	收集信息全面、谈话氛围愉快
缺点	收集信息不全、谈话氛围紧张	浪费时间、谈话不易控制

聆听时，要注意换位思考，带着"同理心"去听，以便于正确理解对方的意图。当听到与自己的观点不同的意见时，不要急于表达自己的观点。积极倾听，应当是接受他人所言，而把自己的意见推迟到说话人说完之后（见表 3-3）。

表 3-3　聆听并鼓励他人说话的典型例句

项目	封闭式问题	开放式问题
表示同情	愿意听取并理解对方的感受	"我理解您的感受……""您能做到这点不容易……""我明白，我也有同样的感受……"
表示认可	感兴趣，鼓励对方说下去	"好！我也这样认为！""不错，非常好！""真的啊！原来是这样！""再说详细点！""让我先把这个记下来！"
澄清问题	澄清或确认某信息	"您是说……是这样吧？""您说具体点……""比如说呢？""真的是这样吗？"
重述对方的话	重复并确认一些信息	"你觉得我的做法过于苛刻？""你是说……是吗？"
总结性核实	概括要点，以确认自己是否理解	"……您刚才说的就是这些吧？""我理解您的要点有三条……""如果我没有听错的话，您想……"

（3）阐述观点。

准确清晰地表达思想是进行有效沟通的前提。首先，要想清楚表达什么，明确要沟通的内容；其次，从一些能够引起听者兴趣的话题聊起；再次，要根据对方的偏好、特征以及文化水平选择要表达的方式；最后，要适度重复重点，简明扼要，并适当举例来说明问题。

（4）处理异议。

由于立场、利益、观念、思维等方面的不同，沟通中经常会出现异议。当在沟通中遇到异议时，不要忽视不同意见。要询问对方的想法，尽可能找到双方同时关心的问题，找到共同点，求同存异。态度上要表现出具有"同理心"，尊重对方的情绪和意见，

争取在某种程度上达成谅解。

（5）达成共识。

沟通后最好的结果就是双方达成共识，不要过多在细节上追求完美。并在达成共识的时候，适当地对对方表示赞美和感谢。

（6）共同实施。

达成共识是沟通的一个结果。但在工作中，任何沟通的结果意味着一项工作的开始，要共同按照约定去实施。作为一名酒店职业经理人，一定要讲求诚信，遵守诺言，对所有达成的约定要努力去实现。

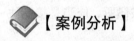【案例分析】

信任互动

某酒店的总经理曾说过一件事情：他上任不久后的一天，餐饮部粗加工领班来找他，反映粗加工组的劳动条件太差，工作场所下水不畅，屋顶不挡风、不遮雨，无论阴晴雨雪都得穿着胶鞋工作。总经理立即到粗加工组查看，召集有关部门的负责人，责令在一周内改善粗加工组的劳动条件。一星期后，领班告诉他问题都解决了，并说："这个问题先后反映过几次，始终没人理睬，只有您把我们当人看。"说着说着，领班流下了眼泪。最后，这个领班向总经理表示："饭店看得起我们，我们也要对得起饭店。如果总经理信任我们、授权给我们，凡是不符合采购要求的食品原料可以退货，我们愿意为饭店把关。"在这位领班建议的基础上，总经理设计了一套食品鲜货原料验收及责任追究制度。这一制度实行以后，饭店餐饮毛利提高了10%。

任务三　酒店服务沟通

客人是酒店最重要的外部公众资源，酒店管理者应该清楚地认识到，酒店的服务沟通就是酒店与客人的沟通。酒店服务沟通的要求是：酒店需要经过不断地调查及其反馈以明确客人利益之所在；同时要随时检查是否做到了与客人的充分沟通；最后还需要掌握与客人沟通的技巧，提高沟通效果。

酒店服务沟通的方式很多，各种渠道、各种形式都有，常见的包括给客人打电话、进行客户调研、设立客户关系代表、召开座谈会、信函沟通等，酒店服务人员可以利用各种方式和客户保持不断的沟通，从而提高客户沟通的效率。

3.3.1 如何看待客人——酒店服务沟通的出发点

只有对客人有正确的认识，全面理解酒店员工与客人的关系，掌握客人的心理，才能与客人进行良好的沟通，这是服务沟通的出发点。要正确认识客人，重要的是了解"客人是什么"和"客人不是什么"。

（1）客人是什么。

①客人是服务的对象。在酒店的客我交往中，双方扮演着不同的社会角色。服务人员是服务的"提供者"，而客人则是服务的"接受者"，是服务的"对象"。员工在工作中始终都不能忘记这一点，不能把客人从服务的"对象"变成别的什么对象。所有与提供服务不相容的事情，都是不应该做的。特别是无论如何也不能去"气"自己的客人。道理很简单：客人来到酒店，是"花钱买享受"的，而不是"花钱买气受"的。

②客人是最要面子的人。很多老顾客来到酒店的前台或餐厅，说的第一句话就是："叫你们老总（经理）来。"来干什么？来给客人一个"面子"，给了客人面子，其他事情（如价格、结账单）就都好办多了。一次，一位酒店老总在酒店广场巡视，看见一个常客——张老板从轿车里出来，正在给他带来的商家介绍说，这里是当地有名的酒店，他在这个酒店里很有面子，并说他无论走到哪里，服务人员都认识他，对他恭恭敬敬。他还说："不信你们跟我看看。"那位常客满面春风地带着他的客户走到大厅门前，门童早已拉开大门，笑容满面地招呼他："张老板上午好！请进！"张老板还未到服务台，前厅的几位服务员就异口同声地问候："张老板好！"张老板说："来了几个朋友，开两个套房。"服务员很快办理好了入住手续，并请张老板签字入住。当他从电梯到客房楼梯时，客房服务员已为他们打开房间，在门口迎接张老板一行的到来……事后张老板感谢酒店给了他"面子"，使他的生意做得十分顺利。在我们服务中常说的一句话："把面子给客人。"这是因为迎合了客人"求尊重"的心理。

③客人是具有优越感的人。在酒店里，我们所做的一切都是为了客人，客人的要求，只要不是无理的，就都要满足。一次，一位房客叫来服务员，说他来了两位客人，要两包茶叶和两个一次性纸杯，房间备有两个盖杯，可客人就是不用。服务员按客人的要求将茶叶和两个一次性纸杯拿过去时，这位客人说又来了两位客人，再要两袋茶叶和两个一次性纸杯，服务员又立刻返回去拿。这位客人对他的朋友说："听说这里的服务员态度很好，我非得考验考验他们。"对此类客人，只要要求不过分，都应该尽量满足，这体现了一个态度问题。

④客人是具有情绪化的自由人。一位客人在餐厅喝多了，踉踉跄跄地走在廊道里，一位男服务生走上前问候并想搀扶他，这位客人恼羞成怒，大声训斥服务员说看不起他。明明喝多了，但客人非说半斤白酒不算什么；明明是摔倒了，但那位客人还大声嚷嚷"没事儿，没事儿"！事后还是服务员搀扶他走进了房间，并帮他脱掉鞋和外衣，盖好被子，关好房门才离开。在客人的行为不超越法律的范畴内，服务人员要学会宽容客人，设身处地地为客人着想，用换位思考的方式来处理这些问题，这样才能使服务工作做到位。

⑤客人是追求享受的人。我们应该在一定的范围内满足客人的精神享受和物质享受，并不断开发新产品来满足他们更新、更高程度的享受。比如我们发现床头控制柜太烦琐，可改为单向控制；在床的枕头上增添靠垫，使客人躺在床上能舒舒服服地看电视；延长就餐时间，以满足客人的送餐服务；为使客人在廊道里好找服务员，在廊道的电梯旁安装服务电话；除了客房里备有多种小食品和扑克牌外，服务中心还可按客人要求，随时提供水果、巧克力；还有专门设立保健按摩服务等。

⑥客人是绅士和淑女。在谈及曾否遇到过特别粗鲁的客人时，丽思·卡尔顿酒店的一位经理曾对酒店的培训生讲道："如果你善待他们，他们自然也会善待你。切记，你们要以绅士和淑女的态度为绅士和淑女们提供优质服务。"说着，他停下脚步，弯腰捡起地上的一些杂物，放入自己的口袋中，然后接着说："我们要尽力帮助客房服务生，正如他们帮助我们从楼厅内清理餐车一样。"这位经理以自己的言行完美地诠释了酒店员工与客人及同事的沟通。

（2）客人不是什么。

①客人不是评头论足的对象。任何时候都不要对客人评头论足，这是极不礼貌的行为。请听一位客人的经历和反应。"当我走进这家酒店的餐厅时，一位服务员颇有礼貌地走过来领我就座，并送给我一份菜单。正当我看菜单时，我听到了那位服务员与另一位服务员的对话：'你看刚才走的那个老头，都骨瘦如柴了还舍不得吃，抠抠搜搜的……''昨天那一位可倒好，胖成那样儿，还生怕少吃一口，几个盘子全叫他给舔干净了！'听了他们的议论，我什么胃口也没有了。他们虽然没有议论我，可是等我走了以后，谁知道他们会怎样议论我！我顿时觉得，他们对我的礼貌是假的！"

②客人不是比高低、争输赢的对象。不要为鸡毛蒜皮的小事与客人比高低、争输赢，因为即使你"赢"了，你却得罪了客人，使客人对你和你的酒店不满意，实际上你还是输了。

③客人不是"说理"的对象。在与客人的交往中，服务人员应该做的只有一件事，那就是为客人提供服务。所以，除非"说理"已经成为服务的一个必要的组成部分，作

为服务人员，是不应该去对客人"说理"的。尤其是当客人不满意时，不要为自己或酒店辩解，而是立即向客人道歉，并尽快帮客人解决问题。如果把服务停下来，把本该用来为客人服务的时间，用去对客人"说理"，其结果，肯定是"吃力不讨好"。

④客人不是"教训"和"改造"的对象。酒店的客人中"什么样的人都有"，思想境界低、虚荣心强、举止不文雅的人大有人在。但服务人员的职责是为客人提供服务，而不是"教训"或"改造"客人。如果需要教育客人，也只能以"为客人提供服务"的特殊方式进行。

3.3.2 酒店服务沟通技巧

提供优质服务是酒店与客人沟通的根本所在。员工与客人几乎时时刻刻都在进行沟通，酒店的服务是酒店与客人沟通的基本载体。以优质服务赢得客人的满意，是酒店生存发展的基础，也是酒店价值得以实现的重要途径。服务沟通技巧很多，我们从优质服务的角度来看，主要包括以下几个方面：

（1）重视沟通语言的使用。沟通缺失或沟通不当，是影响酒店各服务部门服务质量的重要因素。主动、规范的沟通语言，是提高酒店接待质量及服务质量的重要途径。下面的案例很好地说明了这一点。

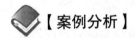【案例分析】

吃西瓜

某日，有几位客人在客房里吃西瓜，桌面上、地毯上吐得都是瓜子。一位客房服务员看到这个情况，就连忙拿了两个盘子，走过去对客人说："真对不起，不知道您几位在吃西瓜，我早应该送两个盘子过来。"说着就去收拾桌面上和地毯上的瓜子。客人见这位服务员不仅没有指责他们，还这样热情周到地为他们提供服务，都觉得很不好意思，连忙作自我批评："真是对不起，给你添麻烦了！我们自己来收拾吧。"最后，这位服务员对客人说："请各位不要客气，有什么事，尽管找我！"这位服务员就不是用训斥的方式，而是用"为客人提供服务的方式"教育了客人。

（2）重视对客人的心理服务。酒店为客人提供"双重服务"，即"功能服务"和"心理服务"。功能服务满足消费者的实际需要，而心理服务就是除了满足消费者的实际需要以外，还要能使消费者得到一种"经历"。从某种意义上讲，客人就是花钱"买

经历"的消费者。客人在酒店的经历，其中一个重要的组成部分，就是他们在这里所经历的人际交往，特别是他们与酒店服务人员之间的交往。这种交往，常常对客人能否产生轻松愉快的心情，能否带走美好的回忆，起着决定性的作用。所以，作为服务员，只要能让客人经历轻松愉快的人际交往，就是为客人提供了优质的"心理服务"，就是生产了优质的"体验产品"。总而言之，酒店员工如果只会对客人微笑，而不能为客人解决实际问题，当然不行；但如果只能为客人解决实际问题，而不懂得要有人情味儿，也不可能赢得客人的满意。

（3）对待客人，要"善解人意"。要给客人以亲切感，除了要做"感情上的富有者"以外，还必须"善解人意"，即能够通过察言观色，正确判断客人的处境和心情，并能根据客人的处境和心情，对客人做出适当的语言和行为反应。为了营造温馨的氛围，使客人来到酒店就像回到家一样温暖、亲切，我们还将亲情服务融入日常工作中。客人来到总台时，我们尽可能多地和他们交谈，从中得到有益于我们服务的信息，如客人的喜好、口味等。在一个很冷的晚上，一位客人登记住宿，没精打采，而且不停地擦鼻涕，服务员便问："先生，您不太舒服吗？"那位客人无奈地说："火车上冻得要死，车又晚点，药都没处买。"服务员于是给他安排了一间供暖好的房间，并告诉他要多喝些热水。把那位客人安排好后，服务员便打了免费送药的电话，半小时后，药就送来了。当服务员把感冒药送到客人手中时，他激动地说："你们的服务真是做到家了。就算是我自己的亲人，也只能做到这份儿上了，太谢谢你了。"

（4）"反"话"正"说，不得对客人说"不"。将反话正说，就是要讲究语言艺术，特别是掌握说"不"的艺术，要尽可能用"肯定"的语气，去表示"否定"的意思。比如，可以用"您可以到那边去吸烟"代替"您不能在这里吸烟"，"请稍等，您的房间马上就收拾好"代替"对不起，您的房间还没有收拾好"。在必须说"不"时，也要多向客人解释，避免用钢铁般生硬冰冷的"不"字一口回绝客人。

（5）不能因为与客人熟，而使用过分随意的语言。做酒店工作久了，就会有许多客人成为自己的朋友了。于是，见面的问候不再是"您好"，而是"哇！是你呀"，彼此之间的服务也由"格式"化变成"朋友"化了。这会导致沟通失误，甚至造成严重后果。

【项目总结】

在本项目中我们介绍了酒店沟通工作的基本原理，充分认识到酒店管理沟通和服务沟通的重要性。酒店经营中要想做到提升服务细节，提供一流产品，让客人体验无可挑剔，就需要全面了解客人的需求，培养沟通意识、工匠精神、提高服务能力，从酒店服务的实际工作出发，建立酒店与客户沟通的良好关系。

 【项目练习】

1. 思考练习题

（1）各小组分别制作一份酒店宾客调查表。

（2）请各小组找出一个发生在餐饮、客房和前厅部的服务案例，并进行分析。

（3）工匠精神的核心是极度注重细节，不断追求完美和极致；给客人无可挑剔的体验；做出打动人心的一流产品。工匠精神是一种职业精神，是职业道德、职业能力、职业品质的体现，是从业者的一种职业价值取向和行为表现。工匠精神的基本内涵包括敬业、精益、专注、创新等方面的内容。工匠精神还包括追求突破、追求革新的创新内蕴。古往今来，热衷于创新和发明的工匠们一直是世界科技进步的重要推动力量。

问题：请结合个人实际，试分析如何将工匠精神运用到酒店工作的对客沟通中。

2. 案例分析

一个由下往上传递的信息被歪曲

餐厅服务员知道的信息：我注意到盘子上有条纹，银餐具有食物黏在上面。虽然对厨房管理员和洗盘工说了，但也没有用。我把没有洗干净的盘子和刀叉放在一起退回去，自己直接从餐具室领取其他干净的餐具。这些洗盘工只知道节约自己的时间，他们从不关心顾客的利益。

A. 洗盘工所知道的真实信息。

刀叉没有洗干净的原因是由于没有浸泡足够长的时间，以至于刀叉上还牢牢地黏着污物。没有足够的浸泡时间，是因为盘子和刀叉没有分离好就从餐厅送过来了，这花费我许多时间去分离。我已经告诉餐厅的服务员要注意把盘子和刀叉分开，可是他们说太忙了，没有时间这样做。我把洗过一遍的盘子和刀叉送到餐厅里，如果他们感到不干净，可以送回来再洗一遍。

B. 洗盘工传递给厨房管理员的信息。

由于洗盘机的喷淋不足和洗涤剂不浓，以至于不能把盘子和刀叉洗干净。除非把它们洗两次。因此，要洗得快，就不能保证洗干净。

C. 厨房管理员传递给餐饮部经理的信息。

这些小伙子不用心。除非我每一分钟都看着他们工作，否则他们就任凭脏物留下。最好的解决办法就是任命一位洗盘工主管，他能看管其他的洗盘工。我要努力发现这样

一个我能信任的人。现在我自己在负责检查他们的工作。

D. 餐饮部经理向总经理报告的内容。

在盘子和刀叉被洗涤后，厨房管理员将检查盘子和刀叉的洗涤质量。需要厨房管理员去促使洗盘工工作得更快一点和更仔细一点。我们没有足够的员工。

E. 总经理得出的结论。

你们不能从餐具室和碗碟储藏室不断获得帮助（原因：厨房管理员要监督、检查，才能把盘子洗干净），所以关键是要提高洗盘工对餐具清洁卫生工作重要性的认识。

点评：

这一案例中自下而上的沟通中的甜蜜化倾向，虽然避免了一些不愉快的事情发生，但同时也意味着掩盖错误。当管理人员在面对面评价下属时，往往不愿意直接告诉员工：他们做得很差，需要改正。

下篇　酒店实用沟通技巧

酒店前厅部沟通技巧

【思政目标】

　　本项目旨在帮助学生在酒店前厅接待与服务工作中树立"人民对美好生活的向往，就是我们的奋斗目标"的崇高精神，发扬中华文化和中国精神，在对客接待和服务中讲好中国故事，充分体现"宾客至上"的酒店服务精神。

【项目目标】

　　本项目要求学生了解酒店前厅部沟通工作的主要内容，熟悉前厅部对客沟通的基本服务流程，掌握前厅部服务工作的沟通技巧，提高前厅部的接待水平，提升酒店的整体形象，建立良好的宾客关系。

【项目任务】

　　1. 前厅部的沟通工作概述。

　　2. 掌握前厅部沟通技巧。

【案例分析】

某年春节节前的一个晚上，某酒店前台当班的李小姐，接到当地公司的一位客人打来的电话，询问春节活动一事。并说曾打电话给另一家酒店，那家酒店总机接待员告之营销部已下班，于是他转而打电话到该酒店。李小姐是个有心人，事先已经将酒店的春节安排了解得一清二楚，她马上热情接待、细致地将酒店春节活动安排向客人一一做了介绍。客人听了非常满意，第二天，他们来酒店订了35张春节活动门票。

点评：

前厅部作为酒店接待最前沿的部门，要求所有员工对酒店的各项产品和活动都熟记于心，并能及时答复客人的各种问题，这是酒店优质服务的重要内容。

任务一　前厅部沟通工作概述

前厅部不仅是酒店的"窗口"，还是酒店的神经中枢、联系宾客的"桥梁和纽带"，因此高效和个性化的前厅接待服务是酒店经济效益的重要来源，是酒店整体接待水平的标志。前厅部在信息、协调、接待、销售和控制等方面发挥着重要的作用。

4.1.1 前厅部的沟通内容

前厅部是酒店的首席业务部门，主要任务是客房预订、前厅接待、信息咨询、委托代办、行李运送、总机服务等，是客人抵达和离开酒店的始、终服务岗位，客人对酒店服务的体验和评价由此开始，并至此结束。而沟通，则贯穿了前厅部服务的所有过程。具体说来，前厅部沟通的主要内容如下。

（1）迎送服务。迎宾员和行李员是酒店前厅部专门负责迎送宾客、运送行李的服务岗位，同时在迎送过程中，负责解答客人对酒店的各种疑问。

（2）预订和接待服务。受理各种形式的客房预订服务，对预订进行计划管理，为抵店和离店客人办理登记入住和离店结账手续，并回答客人的各种咨询。

（3）处理投诉。酒店对客人的投诉都极为重视，一般在前厅部设有"大堂副理"一职来专门接收和处理宾客投诉。为体现酒店档次，很多高星级饭店还专门设立了"金钥匙"，为顾客提供全方位、一条龙的管家式服务。

（4）其他服务。酒店的总机服务、商务中心等通常也隶属于前厅部，负责为客人提供各项商务服务和接待工作。

4.1.2 前厅部的沟通特点

前厅部是综合性的服务部门，其沟通工作有三个特点：

（1）内容多、范围广。前厅部的服务环节繁多、性质复杂，需要与酒店各部门和各环节加强协作，共同完成服务工作。因此，涉及的沟通内容多、范围广，对前厅部员工的综合素质要求较高。

（2）方式多样。前厅部员工的沟通工作需要借助于多种沟通方式，既有常见的语言沟通，又有复杂的非语言沟通；既有规范的书面语沟通，又有灵活的口语沟通。所以，前厅部沟通工作具有极强的技巧性。

（3）效率高。前厅部处于酒店接待一线部门，服务和管理的信息量巨大，受外界市场变化的影响也最为敏感。因此，前厅部沟通工作必须具有较高的效率，才能保证酒店整体的接待水平，塑造酒店良好的形象。

任务二　前厅服务沟通技巧

酒店前厅的沟通工作是和酒店服务融为一体的，因此前厅部的每一次接待和服务，都体现了酒店员工的精神面貌，酒店前厅服务的规范化和标准化也体现在每一次对客沟通服务过程中。

4.2.1 前厅服务沟通技巧

前台作为酒店的窗口，是酒店给客人的第一印象，应该保持自己最好的形象，面带微笑、精神饱满，用最美丽的一面去迎接客人，让每位客人走进酒店都能体验到真诚、热情，有真正宾至如归的感觉。

前厅沟通首先要熟悉酒店的基本情况，了解房型及其特点，熟练掌握操作流程，快速准确地为客人提供登记入住、退房结账、客人问讯等服务。

（1）抵达。当客人走进酒店时，我们要主动问好，称呼对方，如果是熟客就要准确无误地说出客人的姓名和职务。询问客人有什么要帮助的，客人要住房应先认真倾听客人的要求，通过观察聆听来向客人推荐所需要的房型及房价，并能做到让宾客满意。在向客人描述酒店的情况时，要注重介绍酒店的特色和优势，比如说酒店刚进行过装修，设备齐全，交通非常便利，但是价格又非常实惠。让客人对酒店有一定的了解，必要时可以先让客人参观下房间。针对不同性格的客人可以采取不同办法，比如针对内向犹豫的客人，我们可以帮他们做决定，多建议，语气柔和；对于有主见、性格外向的客

人，我们要用轻松愉悦的方式与他交谈。在客人办理手续时，我们可多关心客人，多询问客人，如果是外地客人，可以向他们多讲解当地的风土人情，主动为他们介绍当地的风景名胜、特色商品和地标建筑等，询问客人是否疲劳，快速地办好手续，让客人尽快休息。

（2）离店。在客人退房时，客房查房需要等待几分钟，这时不要让客人站着，请客人坐下稍等，主动询问客人住得怎样或是对酒店有什么意见，不要让客人觉得被冷落了。

（3）入住期间。客人在入住时会遇到各种各样的问题，当前台接到电话后，应立即转告有关部门处理，对于客人提出的疑问，如果不是很清楚就请客人稍等，查清楚后再告知客人。

（4）礼节礼貌。在与客人沟通过程中，要讲究礼节礼貌，"礼多人不怪"。与客人交谈时，保持目光交流，不要低着头或老盯着客人，这是不礼貌的，一般保持3分钟目光交流一次。多倾听客人的意见，不要打断客人的话，倾听中要不断地点头示意，这样才是对客人的尊重。面对客人要微笑，特别是当客人提出批评时，一定要保持笑容。这样就算客人有再大的不满，也不会任意发作，很多问题当然就能迎刃而解了。多用礼貌用语，做到宾客来时有迎客声，走时有送客声，麻烦客人有致歉声。在与客人谈话时，不要与客人争辩，就算是客人错了，也要耐心向他解释。

4.2.2 前厅销售沟通技巧

（1）销售准备。

①仪表仪态要端正，要表现高雅的风度和姿态。

②前台工作环境要有条理，使服务台区域干净整齐，不凌乱。

③熟悉饭店各种类型的客房及其服务质量，以便向潜在客人介绍。

④了解饭店所有餐厅、酒吧、娱乐场所等营业场所及公共区域的营业时间与地点。

（2）服务态度。

①要善于用眼神和客人交流，要表现出热情和真挚。

②要面部常带微笑，对客人表示"欢迎您，见到您很高兴。"

③要用礼貌用语问候每位客人。

④举止行为要恰当、自然、诚恳。

⑤回答问题要简单、明了、恰当，不要过度宣传住宿条件。

⑥不要贬低客人，要耐心向客人解释问题。

（3）销售工作。

①要善于用描述性语言，准确使用形容词介绍几种客房的优势以供客人选择，但不要对几种客房作令人不快的比较。

②不要直接询问客人要求哪种价格的房间，应在描述客房情况的过程中，试探客人要哪种房间。

③要善于观察和尽力弄清客人的要求和愿望，有目的地推荐适合客人需要的客房。

④不要放弃向潜在客人推销客房。必要时可派人陪同他们参观几种不同类型的客房，增进与客人之间的关系，这将有助于对犹豫不决的客人促成销售。

4.2.3 客房销售技巧

（1）以礼取人法。如果对所有入住的客人都采用雷同的接待方法，势必丧失了针对性。优秀的前厅工作人员，应慧眼识人，从客人步入店门的一刻起，在简单的迎宾过程中迅速为其分级定档，并根据其可能接受的消费水平打开突破口，因人而异，运用不同的推销策略、价格水平，尽量达到多招徕客人的效果。然而，这种分级定档绝非因失礼而令客人受冷遇，继而拂袖而去，以致造成经济损失。只有做到对入住客人一视同仁，以礼貌、热情、周到的服务赢得好评，换取信誉，促使成功。

（2）画蛇添足法。所谓画蛇添足法，是运用报价方式的一种技巧，即先报基本价，再报服务价，以此削弱客人"闻价色变"的可能性，将其动摇程度降到最小限度。一般来讲，星级宾馆饭店以百分比提成的形式向客人收取的服务费用，确实令部分客人望价兴叹。故而运用画蛇添足法时，一方面确保客人对房价胸中有数，不致开房后又产生顾虑；另一方面应坚持灵活报价的前提，机动地穿插传统的冲击式报价、三明式报价、鱼尾式报价等方法。另外，在平季或淡季时，饭店为做到薄利多销，常采用折扣方式，此时的画蛇添足法便有了另一番妙用。在报出房价的同时，竭力描述蛇尾的实惠，诸如"在此房价的基础上，我们可以给您折扣，这种折扣只在本季度生效"等推销词，无疑会使客人动心。

（3）循循善诱法。推销客房在很多方面与推销商品一样，要生动地描绘、耐心地讲解，以达到成交的目的。此时，循循善诱法便会显示出特有的魅力。

首先，顺藤摸瓜，通过三言两语的交谈，洞察出客人的消费趋势，以此为出发点拓展开来，向客人提供多种选择，并针对不同特色——详尽解释，扬长避短。

其次，尽可能推销附加服务，即把各类服务项目展现在客人面前。此举的目的并非吸引其消费，纯粹在于培养一种应有尽有的意识，使客人感到入住该店能足不出户心想事成。

最后，不轻易错过一位可能入住的客人，尤其是需要努力诱导。在条件允许的情况下，可直接带领客人多的团组参观房间及内部设施，以争取那些消费水平高却又不愿仓促做下决定的客人。

4.2.4 客房报价技巧

前厅对客房报价是饭店为扩大自身产品的销售，运用口头描述技艺，引起客人的购买欲望，借以扩大销售的一种推销方法。其中包含着推销技巧、语言艺术、职业品德等内容，在实际推销工作中，非常讲究报价的针对性，只有适时采取不同的报价方法，才能达到销售的最佳效果。掌握报价方法，是搞好推销工作的一项基本功，以下是饭店常见的几种报价方法：

（1）高低趋向报价。这是针对讲究身份、地位的客人设计的，这种报价法首先向客人报明饭店的最高房价，让客人了解饭店所提供高标准房间及与其相配的环境和设施，在客人对此不感兴趣时再转向销售较低价格的客房。接待员要善于运用语言技巧说动客人，高价伴随高级享受，诱使客人做出购买决策。当然，所报价格应相对合理，不宜过高。

（2）低高趋向报价。这种报价可以吸引那些对房间价格做过比较的客人，为饭店带来广阔的客源市场，这种报价法有利于饭店的竞争优势。

（3）排列报价法。这种报价法是将饭店所有现行价格按一定排列顺序提供给客人，即先报最低价格，再报最高价格，最后报中间价格，让客人有选择适中价格的机会。这样做，饭店既坚持了明码标价，又维护了商业道德，既方便客人在整个房价体系中自由选择，又增加了饭店出租高价客房，获得更多收益的机会。

（4）选择性报价。采用此类报价法要求总台操作人员善于辨别抵店客人的支付能力，能客观地按照客人的兴趣和需要，选择提供适当的房价范围。一般报价不能超过两种以上，以体现估量报价的准确性，避免选择报价时犹豫不决。

（5）利益引诱报价。这是一种对已预订到一般房间的客人采取给予一定附加利益的方法，使他们放弃原预订客房，转向购买高一档次价格的客房。

（6）弱化价格重要性报价。此类报价是将价格置于所提供的服务项目中，以减弱直观价格的分量，增加客人购买的可能性。此类报价一般由总台接待人员用口头语言进行描述性报价，强调提供的服务项目是适合于客人利益的，但不能太多，要恰如其分。

（7）灵活报价。灵活报价是根据饭店的现行价格和规定的价格浮动幅度，将价格灵活地报给客人的一种方法。此报价一般是由饭店的收益管理中心决定，根据饭店的具体实际情况，在一定价格范围内适当浮动，灵活报价，调节客人的需求，使客房出租率和经济效益达到理想水平。

4.2.5 前厅处理投诉技巧

由于酒店工作是人与人直接接触，是面对面的相处，所以具有较强的随意性和突发性；再加上服务人员从整体上参差不齐，管理也存在许多不尽合理和疏漏之处，所以存在问题是难免的。对于问题的存在，要求服务人员端正对投诉的态度。"只有投诉的客人才是酒店最忠诚的客人，才是好客人。"酒店最怕那些有意见不投诉，悄悄离开，以后再也不来酒店的客人。因为只有客人投诉的问题，酒店最重视，解决得最快，客人不提的问题却容易被忽视。所以，国外很多酒店会花重金购买客人的意见，这正是出于对市场的重视。

处理投诉应把握三条原则：一是客人永远是对的，这是处理投诉的基本原则；二是绝不与客人争论，给足客人面子，把"对"让给客人，这是基本态度；三是善于引导客人，平衡客人与酒店的利益，这是工作技巧。

根据投诉的内容和形式的不同，在处理投诉时可以根据"LEARN"模式，按照以下步骤来：

（1）Listen：充分聆听。认真倾听是接待投诉客人的第一步，要全面了解客人投诉的问题，及时分析产生问题的原因，并对整个事情进行基本的判断。同时认真倾听也是在向客人表达对客人的尊重、对问题的重视。

（2）Empathy+Explain：表示同情和理解，向客人致歉。这是对客沟通的重要技巧，通过慰问客人，及时展示出对客人的同情和理解，并马上进行道歉。

（3）Appologize+Action：沟通与协调，提出解决问题的办法。了解客人的真实需求和潜在意愿，在符合企业利益的情况下，提出解决问题的办法，最好提供两种解决办法，以供客人选择，与客人达成一致。随后马上行动，跟进解决进度。在客人同意解决方案后，马上与有关部门联系，及时解决问题。要持续跟进解决进度，及时了解问题处理流程，并与客人保持不断的沟通。

（4）Respond：落实情况，再次道歉。当问题解决后，要与客人落实情况，了解客人的心理，并再次致歉，表示出对客人入住和投诉的感谢，最后欢迎客人再次光临，提出宝贵意见。

（5）Notify：记录在案、总结经验，避免类似事件再次发生。投诉问题得到解决后，要将整个问题进行记录登记，在有关部门或员工之间进行横向的信息沟通和交流，厘清责任和义务，提出解决预案，避免类似事件再次发生。

通过科学的处理投诉，让客人再次恢复对酒店的信任感，重塑酒店形象。此外，在处理投诉过程中，一定要注意以下问题，不要引发更多冲突：

（1）立刻与顾客摆道理。

（2）着急得出结论。

（3）一味地道歉。

（4）告诉顾客这是常有的事。

（5）言行不一。

（6）吹毛求疵，责难顾客。

（7）转嫁责任。

（8）装傻乞怜。

（9）与顾客辩论。

（10）中断式与改变话题。

（11）过多使用专业用语和术语。

4.2.6 前厅部常用接待语言

欢迎用语：

（1）先生或小姐，您好，欢迎光临，请问有什么可以帮您的吗？

（2）请问您有预订吗？

（3）请问您打算住多长时间呢？

（4）我们酒店有 ××× 的房间，您看您喜欢哪种类型的呢？

（5）这样的房间每天每间只需人民币 ××× 元，您看可以吗？

（6）先生或小姐，麻烦您出示一下您的证件好吗？谢谢！

（7）×× 先生或小姐，请您稍等。

（8）×× 先生或小姐，请问您采用哪种方式付款呢？

（9）×× 先生或小姐，我们酒店为您提供免费的贵重物品寄存服务，如果您需要可以随时在我们总台办理。

（10）×× 先生或小姐，请问您还有其他要求吗？

（11）×× 先生或小姐，如果没有什么异议，请您在这儿签个字好吗？

（12）×× 先生或小姐，这是您的证件，请收好，谢谢。

（13）麻烦您在收银处办理一下押金手续好吗？

（14）×× 先生或小姐，这是您的早餐券，每天早晨 7：00 ~ 9：00 您可以在二楼自助餐厅用早餐。

（15）×× 先生或小姐，我们酒店实行房务中心制，如果您在房间内有什么需要可以拨打我们房务中心的电话。

（16）×× 先生或小姐，您的房间在 × 楼的 ××× 房间，这是您的欢迎卡和钥匙，请我们行李员带您到房间。

（17）祝您居住或住店愉快。

预订用语：

（1）您好，××大酒店。

（2）请问有什么可以帮您的吗？

（3）先生或小姐，请问该怎么称呼您呢？或是请问您贵姓？

（4）××先生或小姐，请问您是为自己预订还是为客人预订呢？

（5）××先生或小姐，请问您打算住几天或预订几天呢？

（6）请问您的客人大约什么时间到酒店？

（7）××先生或小姐，请问您一共几位客人？

（8）××先生或小姐，能告诉我您客人的名字吗？

（9）××先生或小姐，您看您喜欢哪种类型的房间呢？

（10）那您采用哪种方式付款呢？

（11）××先生或小姐，您能留一下您的联系方式吗？谢谢！

（12）××先生或小姐，您还有就餐或其他方面的要求吗？

（13）我可以为您复述一下预订内容吗？

（14）××先生或小姐，因为酒店房间比较紧张，如果您的预订有什么变动的话，请及时通知我们，以便我们更好地为您提供服务，谢谢。

（15）××先生或小姐，请问还有其他要求吗？

（16）谢谢您选择我们酒店，届时我们将欢迎您的光临，再见。

【项目总结】

在本项目中我们介绍了酒店前厅部沟通工作的基本内容，作为酒店最重要的对客服务部门，前厅部沟通工作具有较高的专业性和灵活性。前厅沟通技巧不仅与前厅服务流程相结合，同时体现了"顾客至上"的指导思想。

【项目练习】

1. 思考练习题

（1）请总结在前厅沟通服务中如何体现各地的地域文化特色。

（2）总结送别客人工作的服务用语。

（3）请各小组分别找出一个知名酒店"金钥匙"的服务案例。

（4）熟悉酒店前厅的各种工作表格。

2.案例分析

<h2 style="text-align:center">一卷卫生纸</h2>

某日傍晚，一个我国香港旅游团结束了"广州一日游"，回到了下榻的饭店。然而，不到10分钟，旅游团的一位中年女领队就光着脚来到大堂，怒气冲冲地向前台投诉客房服务员。原来，早晨出发时，这位女领队要求楼层客房服务员为房间加一卷卫生纸，但这位服务员却只将这位客人的要求写在了交班记录本上，并没有向接班服务员特别强调指出。后来，下一班次的服务员看到客房卫生间内还有剩余的半卷卫生纸，就未再加。结果，这位客人回来后，勃然大怒。无论前台的几个服务员如何规劝、解释，她依旧坚持光着脚站在大堂中央大声说："你们的服务简直糟透了。"引来许多客人好奇的目光。值班经理和客房部经理很快赶到了，看到此情此景，他们一边让服务员拿来了一双舒适的拖鞋，一边安慰客人说："我们的服务是有做得不够好的地方，请您消消气，我们到会客室里面坐下来谈，好吗？"这时客人态度渐渐缓和下来，值班经理耐心地向客人询问了整个事件的经过和解决问题的具体意见，最后值班经理代表饭店向旅游团的每个房间都派送了一卷卫生纸，并向这位客人赠送了致歉果盘。事后，经向该团导游了解，这位领队因对旅行社当天的行程等一些事情安排不满，故心情不好，亦是其中原因之一。

附录　前厅部常用工作表格

客房预订单如表4-1所示。

表4-1　客房预订单

			订房日期_____	
			订房员_____	
抵店日期	离店日期	住店天数	宾客人数	房价
_____上午	_____上午	成人_____		
_____下午	_____下午	儿童_____		
客房数	客房类型	大号双人床	双人床	套间
	婴儿床	连通房	带阳台的客房	其他指定的要求
其他要求	加床	相邻房	游泳池边的客房	
宾客姓名				
姓_____名_____		头衔_____		
街道　城市	州（省）	邮政编码	电话：_____	

代理人＿＿＿＿＿＿＿＿电话：＿＿＿＿＿＿

街道＿＿＿＿城市＿＿＿＿州（省）＿＿＿＿邮政编码＿＿＿＿＿

是否确认订房　　　　　是＿＿＿＿＿否＿＿＿＿＿
通过何种方式来确认订房

信用卡＿＿＿号码＿＿＿失效期＿＿＿订金＿＿＿其他方法＿＿＿
订房人（若不是上述已注明的人士）

备注＿＿＿＿＿＿＿＿＿＿
　　　　　　　　　　　　　　　预订的变更内容
原始订房记录的号码＿＿＿＿＿＿原始订房记录的抵店日期＿＿＿＿＿
原始订房的房价＿＿＿＿＿＿

散客行李（入店／出店）登记表如表 4-2 所示。

表 4-2　散客行李（入店／出店）登记表

房号	上楼时间	件数	迎接行李员	出行李时间	离店行李员	车牌号码	备注

团体行李（入店／出店）登记表如表 4-3 所示。

表 4-3　团体行李（入店／出店）登记表

团体名称		人数		入店日期		离店日期	
	时间	总件数	饭店行李员	领队	行李押运员	车号	
入店							
出店							
房号	入店件数			离店件数			备注
	行李箱	行李包	其他	行李箱	行李包	其他	

续表

合计							

客史档案卡如表4-4所示。

表4-4　客史档案卡

姓　　名			性别		国籍	
出生日期及地点				身份证号		
职业 工作单位				职务		
单位地址				电话		
家庭地址				电话		
其他						

住店 序号	住宿 期间	房号	房租	消费累计	习俗爱好 特殊要求	表扬、投 诉及处理	预订信息	信用卡及 账号

访客留言单如表4-5所示。

表4-5　访客留言单

访客留言单
WHILE YOU WERE OUT

TO MR.＿＿＿＿＿＿＿　　　　先生＿＿＿＿＿＿＿

　　MRS.＿＿＿＿＿＿＿　　　女士＿＿＿＿＿＿＿

　　MISS.＿＿＿＿＿＿＿　　　小姐＿＿＿＿＿＿＿

ROOM NO.＿＿＿＿＿＿　TIME＿＿＿＿＿　DATE＿＿＿＿＿＿

　房　号　　　　　　时间　　　　　日期

YOU HAD A TELEPHONE CALL

贵客有电话来自

FROM　MR.＿＿＿＿＿＿＿　　　　　先生

MRS.	女士
MISS.	小姐

TEL NO. 电话号码_____ PLACE 地点_____

令友并无留言　　　　　□ PARTY LEFT NO MESSAGE
令友将再给你电话　　　□ PARTY WILL CALL YOU AGAIN
请您打电话去　　　　　□ PLEASE CALL BACK
令友曾到访　　　　　　□ PARTY CAME TO SEE YOU
令友将再次来访　　　　□ PARTY WILL COME AGAIN

MESSAGE_____
_____
_____

CLERK 经办人_____

THANK YOU
谢谢

住客通知单如表 4-6 所示。

表 4-6　住客通知单

住客通知单
GUEST NOTICE

先生、女士、小姐	房号	日期
MR. MRS. MISS: _____	ROOM NO.: _____	DATE: _____

兹收到一份
PLEASE BE INFORMED THAT THERE IS A

电传　　　　　　　　　　　　挂号信
□ TELEX　　　　　　　　　　□ REGISTERED LETTER
电报　　　　　　　　　　　　包裹
□ CABLE　　　　　　　　　　□ PARCEL
信封
□ ENVELOPE

其他
OTHERS_____

给您
FOR YOU AT THE INFORMATION DESK

请联络问讯处索取或致电安排传递
FOR COLLECTION, PLEASE CONTACT INFORMATION DESK OR CALL FOR DELIVERY SERVICE,
THANK YOU

留言
MESSAGE_____

顾客签名	值班员
GUEST SIGNATURE_____	CLERK_____

预付款收据如表 4-7 所示。

表 4-7 预付款收据

预付款收据 Deposit Voucher		
日期 Date		号码 No.
住客姓名 Guest Name	账户号码 A/C No. 房间号码 Room No.	
金额 Amount		
备注 Remarks		
收款人 Casher		

项　目　五

酒店客房部沟通技巧

【思政目标】

本项目旨在帮助学生在酒店客房服务工作中弘扬劳动精神、奋斗精神、奉献精神、创造精神、勤俭节约精神，培育时代新风新貌，让学生在客房服务工作中发扬工匠精神，使对客服务工作精益求精，提升顾客的满意度和体验度。

【项目目标】

本项目要求学生了解酒店客房部沟通工作的主要内容，熟悉客房部对客沟通的基本服务流程，掌握客房部服务工作的沟通技巧，针对客人住宿的心理需求进行优质、高效的信息沟通。

【项目任务】

1. 熟悉客房部的沟通知识。
2. 掌握客房部沟通技巧。

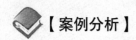【案例分析】

一件西装

某市一家酒店住着来自台湾地区的一批常住客。那天，一位台湾客人的一件名贵西装脏了，需要清洗，当见服务员进房送开水时，他便招呼道："小姐，我要洗这件西装，请帮我填一张洗衣单。"服务员想也许是客人累了，就爽快地答应了，随即按她所领会的客人要求填写在洗衣单的"湿洗"一栏中，然后将西装和单子送进了洗衣房。接收的洗衣工恰恰是刚进洗衣房工作不久的新员工，她毫不犹豫地按单子上的要求对这件名贵西装进行了湿洗，不料在口袋盖背面造成了一点破损。台湾客人收到西装发现有破损十分恼火，要求赔偿西装价格的一半——4000元人民币。

点评：

本案例的主要责任在酒店管理方面，涉及如下沟通问题：

1. 客房服务员与客人的沟通。

2. 客房服务员与洗衣房的沟通。

任务一　客房部沟通工作概述

客房是酒店的主体，是酒店存在的基础。客房是客人在饭店中逗留时间最长的地方，客人对客房更有"家"的感觉。因此，客房是否清洁，服务人员的服务态度是否热情、周到，服务项目是否丰富、周全等，对客人有直接的影响，是客人衡量"价"与"值"是否相符的主要依据。所以，客房服务中的对客沟通就要从满足客人的需求出发。

5.1.1 客房服务沟通的主要内容

客房部的日常服务工作，主要包括迎送客服务、客房清理工作、物品酒水管理、擦鞋洗衣服务、失物招领、协助送餐以及各类委托代办服务等。

在很多豪华酒店，除了上述常规的客房服务工作之外，还有一项非常重要的工作，就是VIP服务。客房在提供VIP服务时，通常会根据VIP的不同而制订相应的接待程序，以满足顾客的需要，提升酒店的档次和品牌形象。

5.1.2 客房服务沟通的特点

在客房服务过程中，沟通无处不在。客房服务沟通的特点主要表现为：

（1）细致性。由于客房服务汇集了酒店硬件设备设施和软件服务两方面的诸多要素，所以客房服务人员在对客沟通时，应关注细节，强调个性化服务，例如用客人的尊称来称呼、关注客人的身心状态、观察客人的生活习俗和个性偏好等。训练有素的客房员工要将这些信息报告给管理者，随时对客房产品进行调整，为客人提供针对性的服务。

（2）适度性。由于客房是客人的私人空间，通常客人不愿意被打扰，但大多数客人又渴望被关心照顾，所以服务人员对客沟通的尺度就要掌握好。既不能过多地提供一些不必要的服务，让客人觉得受干扰，也不能远离客人，对客人的要求漠然视之，让他感觉受到冷遇。所以，客房服务人员一定要把握好尺度，适度地与客沟通，这是一个优秀服务人员的重要素质。

（3）随机性。客房服务工作琐碎而繁杂，客房对客人而言，是集休息空间、睡眠空间、盥洗空间、办公空间、储藏空间、饮食空间等于一身的综合性房间，客人在房间内既有工作又有生活。客房服务过程中大都是一些具体烦琐的事务性工作，因此为客人服务的过程具有很强的随机性，这对于服务沟通来说是很大的挑战。

任务二　客房服务沟通技巧

客房服务的成功在于有效的沟通。客房服务质量的好坏，在很大程度上取决于客人与员工的沟通，以及与酒店其他部门的信息沟通。通常客人会将意见直接与客房服务人员沟通，但有时客人也不会直接把他们对服务的意见反馈给客房服务员，而是换一个场合或方式，反映给酒店其他一线的员工。为此，有些酒店会让部分一线员工（如大堂副理、前台员工、餐厅服务员等）参与到客房部的例会当中，为的是及时地、多方面地了解客人的需求，以提高服务质量。客房管理并不是一个部门的事，必须由酒店各部门协作才能完成。而客房管理层与其他部门的沟通也有利于减少工作中的矛盾和冲突，间接促进服务质量的提高。

5.2.1 客房服务沟通技巧

客房是酒店提供的主要产品，客人往往把客房服务作为整个酒店服务质量的标准。客房是客人休息的地方，客房服务的好坏直接影响到客人的满意程度。客房是客人在酒店中逗留时间最长的地方，此时客人需要拥有自己的空间，期望客房有一种"家"的感

觉。客房服务人员应关注客人在住店期间的心理特点，为客人提供一个舒适、安全、清洁的住宿环境。因此，为满足客人的心理需求，客房服务沟通要做到主动、热情、礼貌、细致、耐心和服务周到。

（1）整洁。客房清洁卫生是客人对住宿最为关注的要求。客房服务人员只有做好清洁卫生工作，才能使客人产生信赖感和安全感。一般情况下，清理房间要在客人不在时进行，除非客人有特殊需求。客房服务人员在清理客房时，必须保证客房内各种设施和用具的卫生，严格执行清理程序和规范。此外，可以采取一些措施，如在清洁后贴上"已消毒"的标签、在杯具上套上清洁袋等，能起到一定的心理效果，但是，所有措施一定要实事求是，不能欺骗客人。

（2）安静。客房要保持安静，可以从防止和消除噪声两方面入手。首先是客房的硬件本身要不产生噪声，其次还要有一定的隔音效果。在服务方面，员工要做到"三轻"——走路轻、说话轻、操作轻。同时，服务人员要以自己的言行去影响那些大声说话的客人，用说服、暗示等方式引导客人自我克制，放轻脚步、轻声说笑。

（3）安全感。安全感是愉悦感、舒适感和满足感的基石，客人外出期间是把安全放在首位的。客人在住宿期间，希望保障自己的人身和财物安全及其在酒店的隐私权。因此，酒店要有完善的防火、防盗、保密等安全设施和应急措施。服务人员没有得到召唤或允许，不能擅自进入客人房间，更不能随意干扰客人休息。有事或清扫服务要先敲门，在得到允许后才能进入房间。工作完成后立即离开。日常清扫时不能随意乱动客人物品，进入房间时不可东张西望，不能打听或蓄意了解客人的隐私，这样才能使客人安心、放心，从而产生安全感。

（4）尊重。客人希望自己是受欢迎的贵宾，希望见到的是服务人员真诚的微笑，听到服务人员热情的话语，得到服务人员温馨的服务，希望服务人员尊重自己的人格、尊重自己的意愿、尊重自己的家人和朋友、尊重自己的生活习俗和宗教信仰，希望真正体验到"宾至如归"的感觉。客房服务是客人每天接触和享受的，是和客人距离最近、关系最密切的。因此，客房服务人员真诚的态度、亲切的语言、适当的关怀，能够最大限度地消除客人的陌生感和距离感，缩短客人与酒店之间情感的距离，使客人感受到酒店是他的"家外之家"。

5.2.2 客房与其他部门的沟通技巧

客房服务中心也称为客房部的"指挥控制中心"，其中一项重要的工作就是与各部门的各个岗位进行沟通协调。

当沟通协调的对象无法沟通、协调时，如服务员通知不到、信息阻塞、中断，应向上一级领班沟通协调，领班沟通不到时再向更上一级主管沟通，以此类推。直到沟通有效为止，并说明向更上一级沟通的原因，以免双方误会。沟通之前，要尽量掌握对方的职责能力，并提供必要的帮助，以防对方事情处理不妥而引起麻烦。

无论任何情况，沟通时态度必须心平气和、有耐心；尽量多用"请""谢谢"等字和商量的语气，即使对方不耐烦、态度不好，也不要受其感染，仍然要保持冷静，以免事情向不好的一面发展。

遇到沟通的事情难以分清责任时，要先尽力解决，后报告上级进行区分，千万不要在有能力处理的情况下不处理或推卸责任。

（1）服务中心与楼层的沟通。服务中心与楼层同属于客房部管理，相互之间沟通协调更是频繁、紧密，日常工作除了自身要提供直接信息给楼层，还要充当其他部门为楼层传递信息的"二传手"，主要有以下事项需要沟通：

①楼层的实际房态；

②客房维修保养信息；

③前厅报入住、结账信息；

④客房有预留物品或损坏事项；

⑤收到客需服务；

⑥接到会议通知；

⑦VIP入住或特殊人员入住信息；

⑧天气变化或其他客观问题出现；

⑨上级有关指令；

⑩楼层发放酒水等物品。

（2）服务中心与前厅的沟通。客房服务中心作为客房部的"信息枢纽"，有非常多的工作需要和酒店前厅部进行沟通。双方沟通的主要内容包括：当服务中心接到前厅的各类订单时，要根据时间、日期对相关人员做出指示和布置；在处理顾客遗留物品时，双方要核对细节，进行确认；对于顾客转交的物品，双方要进行及时联系和落实；当收到前厅报结账、入住和其他房态变化时，服务中心要迅速进行安排和跟进。

（3）服务中心与公共区域保洁部（Public Area，PA）的沟通。双方的沟通主要体现在：楼层与其他部门报清洁的信息、调拨和借送物品、有大型会议接待或团队用餐、用房时，双方要随时沟通，做好重点岗位的督导巡查。

（4）服务中心与工程部的沟通。当酒店有会议接待和客房部的维修项目时，双方要根据设备运行情况进行沟通，并确保顾客的正常使用。

（5）服务中心与保安部的沟通。酒店客房是宾客休息的区域，当楼层有醉酒的顾客、有闲杂人员逗留、客房内人员聚会或有异性逗留房间等情况时，服务中心要与保安部积极配合，妥善处理相关问题，确保客房区域的安静、安全和良好的秩序。

5.2.3 客房服务沟通用语

根据客房服务的具体情境，现总结归纳以下常见的客房服务沟通用语以供参考：

（1）陌生客人要求开房间时应讲："请出示一下您的房卡和欢迎卡好吗？"

（2）如有来访客人找住店客人时，如客人在房间，应电话通知住店客人："先生／小姐，您好！大厅内有××先生／小姐来访，您方便会客吗？"如客人同意，应询问："需要为您上访客茶吗？"如客人不在应讲："对不起，××不在，有什么事我可以转达吗？"若客人不见，应对访客讲："对不起，××先生／小姐现在不方便会客。"

（3）访客在大厅就座后，上茶时应讲："先生／小姐，请用茶。"

（4）派送客衣时应事先电话询问客人："先生／小姐，您好，您的衣服已洗好了，可以给您送到房间吗？"

（5）上欢迎茶和免费水果时，应讲："您好！先生／小姐，给您上欢迎茶和免费水果。"

（6）给客人加婴儿床时应说："先生／小姐，您看婴儿床放在哪里合适？"

（7）如房间整理过程中客人回来，应致歉："您好！先生／小姐，我们正在为您打扫房间，现在可以连续清理吗？"为客人做好房间后，应讲："如有什么需要，请拨打电话××××与我们联系。"

（8）如客人的物品寄存在前台，应提醒客人："先生／小姐，前台有您寄存的物品。"

（9）转送外部门送给客人的物品应提前与客人联系："先生／小姐，××部门送您的××现在方便给您送到房间去吗？"

（10）客人要的物品酒店没有，应向客人道歉："对不起，先生／小姐，您要的东西我们正在帮您联系，联系到后会马上给您送到房间。"

（11）访客要求进入保密房，出于对住客负责应讲："对不起，您说的客人不住在我们酒店。"

（12）如果客人到客房部大厅找洗手间，应提醒客人："对不起，先生／小姐，公用卫生间设在综合楼。"

（13）访客找公用电话，可建议客人："对不起，先生／小姐，公用电话在综合楼。"

（14）当有特别情况需用客人房间的电话时，应先征求客人的意见："对不起，先生／小姐，我可以用一下您的电话吗？"

（15）当不知如何回答客人的问题时，应讲："对不起，先生／小姐，请稍等，我给您问一下，稍后给您答复。"

（16）如客人的房间一直在挂请勿打扰，客人不在房间，未给客人清理房间，在客人回来后，应对客人讲："对不起，先生／小姐，您的房间一直显示请勿打扰，我们没给您打扫房间，您看什么时间给您打扫？"

（17）客人挂请勿打扰，客人在房间，在14：00后打电话询问客人："××先生／小姐，您好！打扰了，我是客房服务员，请问您需要什么时间打扫房间？"

（18）如遇到客人投诉，自己解决不了的，应对客人讲："对不起，请稍等，我赶紧给您请示。"

（19）如果客人在房间，服务员按门铃后，客人开门，服务员应讲："您好，请问可以给您打扫房间吗？"

（20）访客来访，应对访客讲："请问您找哪个房间的客人"，再问："请问××房间客人怎么称呼？"若访客说得对，应讲："请稍等，我帮您联系。"

（21）在接听电话时，另一部电话响了，应讲："请稍等"，接起另一部电话，当回到另一部电话时，应对客人表示歉意："对不起，先生／小姐，让您久等了"。

（22）当客人提出购买房间的物品留念时，应对客人讲："请稍等，我赶紧给您联系。"

（23）发现客人房间的房门未关上时，应打电话给客人，并讲："您好，××先生／小姐，我是服务员，你的房门没有关，为了您的安全，请把房门关上。"

（24）客人回房后，把客人的留言／传真递给客人，并讲："你好，××先生／小姐，这是您的留言／传真。"

（25）如访客要求给客人转送物品，应讲："对不起，请您到前台办理寄存手续。"

（26）请客人签酒水单时，应讲："请您确认一下您房间用过的酒水。"

（27）在给客人送餐时，应打电话给客人："您好！先生／小姐，我是客房服务员，您订的餐可以给您送到房间吗？"

（28）在给客人输送物品进房间后，应讲："您好！先生／小姐，这是您要的×××。"

（29）上欢迎茶进入房间后，应讲："您好！先生／小姐，请问我可以进来给您送欢迎茶吗？"客人同意后，将香巾放在茶几上，伸手指示"请用香巾"，将茶水放在香巾一侧，讲"请用茶"。上茶完毕后，讲："请慢用，如果您还有什么需要，请拨打电话××××与我们联系，祝您居住舒畅！再见！"

（30）给客人送留言单进入房间后，应礼貌地讲："您好！××先生/小姐，这是您的留言单。"将留言单放在写字台上后，后退一步讲："如果您还有什么需要的话，请拨打电话××××与我们联系。"

（31）客人在房间，给客人开夜床时，应讲："您好！××先生/小姐，现在可以给您开夜床吗？"

（32）客人要求洗衣，进入客人房间后，对客人讲："您好！××先生/小姐，您要洗衣服是吗？"

（33）客人嫌房间打扫得太晚时，应讲："对不起，先生/小姐，我们赶紧给您打扫。"

（34）客人对提供的水果不满意时，应对客人讲："对不起，都是我们工作失误，赶紧给您更换。"

（35）当装备设备出现故障时，应对客人讲："对不起，都是我们的失误，我们赶紧联系给您维修。"

（36）客人要求购买房间内的物品，而又嫌贵时，应对客人讲："对不起，这是酒店规定的价格。"

（37）当客人不会用按摩浴缸时，应对客人讲："您好，我帮您示范一下吧！"

（38）访客来找客人，而客人不在自己的楼座时，应对客人讲："我帮您与前台联系查询。"

（39）客人提出在一层看不到海时，应对客人讲："您好，请稍等，我帮您联系前台，给您调个高楼层。"

 【项目总结】

在本项目中我们介绍了酒店客房部沟通工作的基本内容。客房部负责酒店所有客房的清洁、保养工作，并配备各种设施设备，供应各种生活用品和多种服务项目，方便住店客人，努力为客人创造一个清洁、美观、舒适和安全的理想住宿环境。良好的对客沟通是为客人提供优质服务不可或缺的重要内容。

【项目练习】

1. 思考练习题：

（1）全面总结客房沟通服务中体现职业精神和职业素养方面的服务用语。

（2）全面总结客房服务中心的沟通工作。

（3）请各小组分别找出一个客房服务沟通的失败案例，分析原因。

（4）熟悉酒店客房的各种工作表格。

2.请讨论以下常见客房服务问题，制订解决方案。

（1）客人给予小费的处理方法。

（2）工程报修。

（3）发现客人带走客房内物品的处理方法。

（4）客人损坏酒店物品设备的处理方法。

（5）客人反映在客房失窃物品时的处理方法。

3.案例分析

某日傍晚，客人王先生入住一家酒店，因为第二天早上要出门办事，他特地提醒前台的服务人员小王让客房阿姨帮忙打扫房间卫生，并嘱咐桌上私人物品不要动，小王答应了下来，并和客房部的同事交接了工作。

但是第二天下午，当客人王先生回到房间时，却发现自己放在办公桌上的三张出租车发票不见了，他生气地来到前台质问。小王立即向王先生致歉，并当面打电话联系客房部同事了解情况，询问垃圾是否还未清理掉。如果没有清理掉，让清洁部去垃圾袋内仔细查找一遍，争取能找回发票。

做好沟通后，小王又安抚王先生不要着急，同时也告诉王先生，如果找不回来，可以根据宾客发票金额寻找等值的出租车发票提供给王先生，并询问记录下了王先生的发票额度。王先生见前台态度很好，也消了气，在小王的劝说下先回房等待消息。

半个小时后，客房部向小王反映垃圾已经清理掉了找不回。小王立即上门和王先生说明情况，并告知补找发票需要时间，会在王先生退房前找到给他。客人被小王热情的服务所感动，表示发票找不到就算了，本身额度也不大。

小王为了表示歉意，退房时给予了王先生房费折扣的补偿。王先生表示这是一个负责任的酒店，下次出差也会选择这里。

点评：

客人的物品在房间清洁中丢失，对于酒店来说是严重的失误，但案例中的前台小王主要做好了以下3点，赢得了客人的信任：

（1）积极的服务态度。在客人出现问题的时候，小王及时地安抚客人情绪，并且努力寻找补救措施，多方沟通寻求适当的解决方案。

（2）照顾客人的入住体验。客人发票丢失心情本来就比较急躁，避免客人等待时间过长引起其他负面情绪，小王先让王先生回房休息，并在获悉结果后第一时间上门和王先生反馈，赢得了客人的理解和感动。

（3）负责任的服务态度。了解到发票无法找回时，小王上门向客人道歉并给予补偿方案，展现了负责任的服务态度及专业的服务水平。

客人的信任感源于酒店的责任感，不是推诿和应付，虽然岗位划分不同，酒店的服务体现在每个服务人员身上，遇到事情主动为客人解决，是服务人员应有的服务素养。

附录　客房部常用工作表格

客户日用品申领单如表 5-1 所示。

表 5-1　客房日用品申领单

楼层：　　申领者：　　发放者：　　　　　　　　　　　　年　　月　　日

物品名称	申领数	实发数	物品名称	申领数	实发数
普通信封			烟缸		
航空信封			火柴		
普通信笺			水杯		
航空信笺			面巾纸		
便笺纸			卫生纸		
小铅笔			浴帽		
圆珠笔			沐浴液		
明信片			大香皂		
安全疏散图			小香皂		
宾客意见书			牙具		
服务指南			梳子		
小酒吧账单			针线包		
早餐单			购物袋		
房内用膳餐单					
干洗单			下列为服务员使用的清洁用品		
湿洗单			拖把		

物品名称	申领数	实发数	物品名称	申领数	实发数
熨衣单			什物		
洗衣袋			空气清新剂		
礼品袋			除虫剂		
卫生袋			鞋油（黑色）		
擦鞋纸			鞋油（棕色）		
请即清扫牌			鞋油（白色）		
请勿打扰牌			鞋刷		

布件换洗单如表 5-2 所示。

表 5-2　布件换洗单

项目 数量	床单	枕套	面巾	地巾	方巾	大浴巾	小浴巾	
收到数								收发员
发还数								值台员
备注								

小酒吧饮料单如表 5-3 所示。

表 5-3　小酒吧饮料单

*PLEASE MARK AND SIGN，YOUR ACCOUNT WILL BE CHARGED ACCORDINGLY.

* 饮用后，请填表以便入账。

房间号码　　　　　检查员　　　　　　　　日期
ROOM NO.　　　　ROOM ATTENDANT　　　DATE

存量 STOCK	项目 DESCRIPTION	单价 UNIT PRICE	数量 CONSUMPTION	银码 AMOUNT
	MAOTAI 茅台酒	￥75.00		
	J.W.BLACK LABEL 黑方	￥60.00		

续表

存量 STOCK	项目 DESCRIPTION	单价 UNIT PRICE	数量 CONSUMPTION	银码 AMOUNT
	REMY MARTIN V.S.O.P. 人头马	￥30.00		
	GORDON GIN 金酒	￥30.00		
	BACARDI RUM 朗姆酒	￥30.00		
	VODKA 伏特加	￥30.00		
	SAN MIGUEL 生力啤	￥30.00		
	TSING TAO BEER 青岛啤酒	￥15.00		
	COKE COLA 可口可乐	￥15.00		
	SPRITE 雪碧	￥15.00		
	COCONUT JUICE 椰子汁	￥15.00		
	MONGO JUICE 芒果汁	￥15.00		
	MINERAL WATER 矿泉水	￥30.00		
	NUTS 果仁	￥15.00		
	CHOCOLATE 巧克力	￥5.00		
	DRIED BEEF 牛肉干	￥15.00		
	COOKIES 曲奇饼	￥12.00		
客人签名 GUEST'S SIGNATURE		前台收银 CASHIER		

洗衣单如表 5-4 所示。

表 5-4 洗衣单

洗衣服务 LAUNDRY SERVICE

此单必须由客人填写，请拨 ×× 收衣。

This form should be completed and signed by the guest, please dial ×× for collection.

　姓名 Guest Name_____　房号 Room NO_____

　日期 Date_____　签名 Signature_____

　普通服务：早上 11 点前收衣当天下午送回。Same day service：Collected 11：00am，before.

　加快服务：3 小时送回最后收衣时间为下午 5 点之前。

　Express Service：（3 hours）Latest collected by 5：00pm. Delivered on same day.

　隔夜服务：于次日上午 12：00 左右送回。Overnight Service：Returned by 12：00 noon next day.

特别服务： 挂 折 去污 上浆 钉扣 缝补
Special service On Hanger Folded Stain Removal Starch Buttoning Repairing

数量 count		湿洗 Laundry	价格 Amount
客人 Guest	饭店 Hotel		
		衬衣 Shirt，Blouse	￥25.00
		运动衣、T恤 Sport Shirt，T-Shirt	￥20.00
		外套 Jacket	￥35.00
		连衣裙 Dress	￥38.00
		短裤 Shorts	￥15.00
		睡衣（两件套）Pajamas（2pcs）	￥25.00
		内衣、内裤 Undershirt，Underpants	￥10.00
		短袜、连裤袜 Socks，Stockings	￥10.00
		围巾 Scarf	￥12.00
		手帕 Handkerchief	￥8.00
		长裤 Trousers	￥25.00
		短裙 Skirt	￥12.00
		胸衣 Brassiere	￥10.00

客人 Guest	饭店 Hotel	干洗 Dry Cleaning，Pressing Form	干洗	光烫
		西服（两件套）Suit（2 pcs）	￥60.00	￥40.00
		长大衣 Overcoat（long）	￥70.00	￥50.00
		短大衣 Overcoat（short）	￥55.00	￥35.00
		外套 Jacket	￥40.00	￥28.00
		长裤 Trousers	￥30.00	￥15.00
		毛衣 Sweater	￥35.00	￥18.00
		衬衣 Shirt，Blouse	￥30.00	￥15.00
		连衣裙 Dress	￥50.00	￥30.00
		百褶裙 Pleated Skirt	￥48.00	￥38.00
		和服 Kimono	￥50.00	￥30.00
		短裤 Shorts	￥20.00	￥10.00

续表

客人 Guest	饭店 Hotel	干洗 DryCleaning，Pressing Form	干洗	光烫
		领带 Tie	￥20.00	￥10.00
		围巾 Scarf	￥20.00	￥10.00
		马甲 Vest	￥20.00	￥10.00
		长羽绒服 Feather Overcoat（long）	￥70.00	
		短羽绒服 Feather Overcoat（short）	￥55.00	
总数合计 Total				
		Sub Total 小计		
		50% Extra Charge 50% 附加费		
		+Service Charge + 服务费		
		总数合计 Total		

洗衣须知：

1. 饭店接受一切进洗衣房洗涤的衣物，但由于衣物的质地和特点不同，饭店对洗涤结果概不负责。

2. 在栏目 1 内，客人需指明衣物件数（客人计数）。如果没有时，就必须以饭店计数为准。万一出现计算上的不一致，我们将与您取得联系。若您不在，其计数将以饭店计算为准。

3. 任何衣物的丢失、损坏，其赔偿不超过洗熨费的 10 倍。

4. 所有赔偿要求必须在发送以后的 24 小时之内提出，并必须持有原始单据。

Terms and conditions:

1.No Liability can be accepted for defects of damages arising during treatment which is due to methods odd the manufacture or deterioration by wear and exposure.

2.Please list the number of each article. The hotel's count should be accepted if yours is not given.

3.If an article has been lost or damaged through our negligence, our liability is limited to 10 time the dry cleaning or washing charges.

4.The hotel can not be held responsible All claims should be made within 24 hours, After and accompanied by a signed orignal list.

租借物品登记单如表 5-5 所示。

表 5-5　租借物品登记单

日期	
房号	
客人姓名	
物品名称	

客人签名	
归还日期	
接受人	
客人所借的上述物品，如果离开时仍未交还，饭店将会向客人索取物品的价值费用	

公共区域卫生检查表如表 5-6 所示。

表 5-6　公共区域卫生检查表

项目 ＼ 得分 ＼ 地点								
地面、墙角无积灰、杂物、污渍（15分）								
恭桶、小便池内外干净无污迹（15分）								
四壁瓷砖无污迹、积灰（10分）								
各扇门无灰尘、污渍（5分）								
间隔墙顶无积灰、杂物（5分）								
恭桶底座及胶边无积尘、污渍（5分）								
脸盆四周及水龙头清洁无水迹（5分）								
脸盆下水口、溢水口无污迹（5分）								
各小垃圾箱或烟缸内外清洁（5分）								
托盘无污渍、皂盘无水迹（3分）								
水池下弯管无积灰、污渍（3分）								
镜面无水迹、镜框无锈迹（3分）								
大理石台面无灰尘（2分）								
踢脚线、缓冲器无积灰（2分）								
镜框顶无杂物、积灰（2分）								
水箱内无大沉淀物、外无污渍（2分）								
风口无积灰（2分）								
壁画、卷纸架无积灰（2分）								

续表

项目 \ 得分 \ 地点									
梳子、衣刷上无头发、污渍（4分）									
工作间、物品归位整洁（5分）									
总分									

项目六

酒店餐饮部沟通技巧

【思政目标】

本项目旨在帮助学生在酒店餐饮接待与服务工作中树立"健康中国"的形象，从餐饮的原料、品质、营销、品牌形象等各方面坚持绿色、生态、环保、健康的服务理念，全面提升酒店餐饮服务水平。

【项目目标】

本项目要求学生了解酒店餐饮部沟通工作的主要内容，熟悉餐饮部对客沟通的基本服务流程，掌握餐饮部服务工作的沟通技巧，学会各种餐饮问题的处理技巧，提高餐饮服务的水平，树立良好的酒店形象。

【项目任务】

1. 餐饮部的沟通工作概述。

2. 掌握餐饮部沟通技巧。

3. 培养处理各种与餐饮有关的客户投诉问题的能力。

【案例分析】

神奇的"海底捞"服务

海底捞虽然是一家火锅店，但它的核心业务却不是餐饮，而是服务。在海底捞，顾客能真正找到"上帝的感觉"，甚至很多客人会觉得"不好意思"。海底捞的服务已经彻底征服了绝大多数的火锅爱好者……

几乎每家海底捞都是一样的情形：等候区人声鼎沸，等待的人数几乎与就餐的人数相等。原本痛苦的等待过程，在海底捞却成为客人的愉悦体会：手持就餐号码的顾客一边观望屏幕上打出的座位信息，一边接过免费的水果、饮料、零食；如果是一大帮朋友在等待，服务员还会送上扑克牌、跳棋之类的桌面游戏供大家打发时间；或者趁等座位的时间上网打个游戏、聊聊天；或是来个免费的美甲、擦皮鞋……

待客人上桌后，围裙、热毛巾已经一一奉送到眼前了，服务员还会细心地为长发女士准备好皮筋和发卡；戴眼镜的朋友则会得到擦镜布；服务员还会将客人的手机装进小塑料袋包好……

每隔15分钟，就会有服务员主动更换你面前的热毛巾；如果有小孩子，服务员还会帮忙喂饭、陪孩子做游戏；如果抽烟，他们会递上一个烟嘴，说服客人去吸烟区并提醒吸烟有害健康；为了消除口味，海底捞在卫生间准备了牙膏牙刷，甚至护肤品；过生日的客人还会得到小礼物；客人打个喷嚏，服务员会送来姜汤……

最后，服务员会送上口香糖，微笑道别。一个流传甚广的故事是：客人随口问一句"怎么没有冰激凌？"5分钟后，服务员拿着"可爱多"气喘吁吁地跑回来说："让您久等了。"

点评：

火锅有价，情谊无价！

任务一　餐饮部沟通工作概述

酒店餐饮部不仅有中西餐厅、宴会厅，还有酒吧、音乐茶座、露天烧烤等餐饮设施，可满足客人的饮食需求，又是客人的交际活动场所。酒店各餐厅同时也能接待不住店的其他客人，因此他们也是酒店对外形象的窗口。餐饮部的岗位众多，用人较多；原材料进出量大，生产工序复杂；客人就餐的生理、心理需求都较为复杂。因此相对于酒店其他部门来说，其沟通工作繁多复杂，对服务人员的应对能力要求更高。

6.1.1 餐饮服务沟通的主要内容

（1）餐饮部对客沟通。餐饮服务的主要内容就是对客沟通，沟通内容主要包括菜品、酒水以及服务流程中的沟通，沟通内容既涉及餐饮产品的专业知识，包括菜肴制作、酒水知识、菜品原料、服务流程、风俗民情等方面信息内容，也包括顾客服务的心理知识以及在就餐和交际过程中遇到的特殊情况，这就要求服务人员了解客户的动机和需求、掌握一定的沟通技巧，协调一致地处理各种复杂关系和突发事件。

（2）餐饮部内部沟通。在餐饮管理中，厨房工作是工作重心，厨房生产影响到企业经营的效益，菜品质量直接关系到酒店的特色和形象。餐饮服务人员推销菜品时，首先，得了解菜品，只有了解了菜品的加工制作工艺和特色，才能更好地对客人进行介绍；其次，当客人对菜品不满意时，需要依赖服务人员对客人进行解释和说明，圆满地解决客人的投诉。最后，当厨房有新菜品推出或有菜品原料积压时，都需要通过餐厅服务人员对客人进行积极推销，所以餐饮部内部主要的沟通就是餐厅和厨房之间的沟通。

当然，餐饮部沟通还包括上下级之间的沟通、餐饮部和其他部门的沟通等，这些都会影响到餐饮部的整体对外形象和经济效益。

6.1.2 餐饮服务沟通的常见问题

我们可以通过对餐饮员工对客沟通普遍存在的问题进行分析，来了解餐饮服务沟通的特点以及餐饮沟通的要求。

（1）程式化。程式化问题在工作中是很显而易见的，也是最容易忽视的。对于一个餐饮服务员来说，每天的工作是"烦琐"而"机械"的。在这种情况下，当我们面对顾客时，一系列的服务程序也往往是"本职反应"，服务过程中，酒杯空了要及时添加，但若看见杯空，即一次次只顾自己添，而不问客人是否还需要，这样本是很好的服务也会被打上折扣。当两位客人谈话投机、就座靠得很近时，服务人员一次次从中阻隔，虽是为其添酒、上菜，做自己分内的"工作"，但更突出地反映了服务人员工作的程式化。

（2）以工作为中心而不是以顾客为中心。"顾客是上帝"和"顾客永远是对的"，这两句话深刻形象地表明了服务工作以顾客为中心的服务宗旨。然而，现在大多数的服务人员都很难真正做到以客人为中心，满足顾客需求，尤其是在工作特别繁忙的时候更不容易表现出来。餐厅忙得不可开交时，常会出现顾客预订没能落实、菜品质量和卫生

等出现较多问题。向服务人员询问说明问题时，常会得到这样的回答："预订我不负责，不了解情况，你问别人吧。"这种只顾自己工作、全然不顾客人的做法，是遭到客人投诉的导火线。

（3）知识面不广。餐饮业从业人员应具有广阔的知识面，这是专业素质最直接的体现，也是餐饮服务水准最基本的体现，需要熟悉员工守则、礼节礼貌、职业道德等基础知识，更要掌握好岗位职责、工作程序等专业知识，对哲学、美学、习俗礼仪、民俗宗教、旅游景点和交通、社区文化等都要有一定了解。现在的客人也趋向多元化、各个知识层面、不同文化素质修养的顾客都会聚而来。虽然服务人员与客人是"短时间"接触，但在有限的相处交谈中，具有多面的知识可使工作应对如流、得心应手。只有我们丰富了自己，才能更容易地与客交流，有更多更广的话题可以交谈。

（4）缺乏沟通技巧。餐饮服务沟通的主要方式就是语言。许多人在工作中不是故意要得罪客人，往往是因为语言表达不当、交流不顺畅而在无意中得罪了客人。而另一种"距离"是因为服务人员自身的文化层次、人情世故、认知能力较差导致的，致使沟通无法正常进行。此外，与客人的交往深浅程度也决定了沟通效果。与客人保持正常的社交距离，也不能因为太熟悉而讨好客人，过于殷勤和亲密则会让客人无所适从，甚至产生非分之想，从而留下不好的印象。

任务二　餐饮沟通技巧

顾客对餐厅的需求是多种多样的。在对客服务过程中服务人员不仅要为客人提供精美的菜肴和整洁的就餐环境，而且还要在服务过程中与客人沟通感情。客人来到餐厅，除了需要品尝美味佳肴外，他们更需要餐厅员工把他们看作朋友和亲人。他们不仅喜欢听到员工殷勤的招呼，看到员工亲切的笑容，更希望得到真诚的友情和亲人一般的关怀。

6.2.1 餐饮服务沟通技巧

（1）服务员应加强顾客意识，即应正确看待客人：

①宾客是餐厅的"衣食父母"；

②宾客是餐厅的服务对象；

③宾客是来餐厅寻求服务的人；

④宾客的要求总是很多的；

⑤宾客是有血、有肉、有感情的人；

⑥绝大多数宾客是通情达理的，故意胡搅蛮缠的宾客毕竟是少数。

（2）建立良好顾客关系的几个要素：

①记住客人的姓名。在对客服务中，记住客人的姓名并以客人的姓氏去适当地称呼客人，可以创造一种融洽的客我关系，对客人来说，当员工能够认出他时，他会感到自豪。

②注意词语的选择。以恰当的词语与客人对话、交谈、服务、道别，可以使客人感到与服务员的关系不仅仅是一种简单的商品买卖关系，而是一种有人情味儿的服务与被服务关系。

③注意说话时的声音和语调。语气、语调、声音是讲话内容的"弦外之音"，往往比说话的内容更重要。宾客可以从这几个方面来判断你说话的内容背后是欢迎还是厌烦，是尊重还是无礼。

④注意聆听。听与讲是对客服务中与客人沟通的一个方面，注意聆听可以显示出对客人的尊重，同时有助于我们更多地了解客人，更好地为其服务。

⑤注意面部表情和眼神。面部表情是服务员内心情感的流露，即使不用语言说出来，你的表情仍然会告诉客人你的态度是好是坏，当你的目光与客人不期而遇时，不要回避，也不能一直盯着客人，要通过适当接触向客人表明你服务的诚意，因为眼睛是心灵的窗户。

⑥注意站立姿态。站立的姿态可以反映出对客人是苛刻、厌烦、冷淡，还是关心、关注、欢迎等各种不同的态度。当遇见客人时应站好，忌背对客人。

（3）建立良好顾客关系的技巧。

①善于预见和掌握客人光顾酒店的动机和需要。在对客服务中要善于体察宾客的情绪，在获得顾客的信息反馈后，采取针对性服务。

【案例分析】

一天早上，某餐厅来了两位老年客人，服务员小杨热情地接待了他们。两位客人点了两份相同的早餐，煎鸡蛋、三明治和牛奶，食品很快送上了餐桌。小杨发现，客人用餐巾纸在煎蛋上按了一下，纸上有许多油渍，客人在吃鸡蛋时只吃了蛋白而剩下了蛋黄。第二天早上，两位客人又来到了餐厅，小杨依然热情地接待了他们，两位客人又点了两份与昨天一样的早餐，不一会儿食品送到了他们面前，与昨天不同的是，今天的煎蛋没有蛋黄。餐厅的服务员如此细心周到，让两位客人非常感动。原来，他们中有一位

患有胆囊炎，另一位患有高血压，他们都不吃蛋黄和较油腻的东西，一名优秀的服务员应想在客人所想之前，做在客人所需之前。

点评：

什么样的客人不宜吃什么食品，服务员要具备这方面的常识。痛风、孕妇、高血压、低血糖、孩子、老年人等饮食都有禁忌。为腹泻的客人提供一份醋炒鸡蛋；为上火的客人提供一杯苦瓜汁；为醉酒的客人提供一份冰糖水或柠檬水；发现老客户来就餐时，根据客史档案记载，做好菜品的调整工作；客人若一天两次来就餐，及时通知厨房做好菜品的调整。

②善于理解体谅客人。在对客服务过程中，应多以宾客的角度来考虑问题。例如，某天中午一位脚有残疾、坐轮椅的客人进酒店吃饭。服务员小张热情帮助客人靠近餐桌，为其倒茶、点菜，由于这位客人点的菜比较多，后上的菜不得不放在餐桌的另一边，这位脚有残疾的客人夹那边的菜有些困难，小张看见后立即上前帮其夹菜，但这位客人客气地说要自己夹。但小张还是帮客人把菜夹过去了，客人的脸却一下沉下来，很不高兴地说"谁要你夹菜了"，最后客人结账后愤然离去。事实上，客人因自身有缺陷，所以自尊心特别强，有些残疾客人坚持自己做事，服务员应视具体情况进行服务，过多代劳可能会伤害客人的自尊心。

③对客服务要言行一致。餐厅服务要重视对宾客的承诺，不光说得好，而且要做得好。例如，一位客人带他的同事到一家酒楼办婚宴，事前与酒楼的经理达成协议，在调整修订个别菜的基础上，每桌宴席再优惠10%。而婚宴那天，由于经理忙于其他工作，忘记把原订的口头协议告诉大堂经理，结果在结账时，客人与收银员发生了争执。那位客人带着一肚子的意见找到酒楼经理，指责经理不讲信誉。这时，酒楼经理才猛然想起，他忘记事先把协议的事告诉大堂经理了，立即向客人道歉，并通知大堂经理妥善处理此事。所以，酒店经营一定要"诚信"，因为任何失误都会伤害到顾客。

（4）平等待客，一视同仁。餐厅优质服务的基础是尊重客人，任何一位客人都有被尊重的需要。在提供服务时，要摒弃"看人下菜碟"的旧习气，除非是对老顾客且对其消费习惯很熟悉的情况下。服务人员要与客人沟通了解客人当餐的宴请性质，揣摩客人的消费心理。绝对禁止以貌取人和以职取人，而应平等、友好地对待每一位客人。

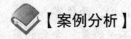【案例分析】

小余是一家公司的业务员，由于工作性质的原因，常常在外就餐，对公司附近的餐

厅都较为熟悉。一天中午，他来到一家餐厅，见客人较多，就随便点了两样小菜，青椒肉丝外加一个青菜，以便吃完后马上去工作。可是等了老半天菜也没有来，每次催问服务员都是"稍等一下"。可是左等右等，菜就是上不来，原来餐厅在忙着招呼大客户，于是把小余这样的"小鱼"晾在一边。看到别的桌上热气腾腾的美味佳肴，小余突然感到一种强烈的被羞辱的感觉，他愤然起身走出了这家餐厅。小余随后选择了另一家餐厅，这家餐厅同样客人很多，但不同的是小余点的菜很快就上来了，在吃饭时小余还故意提了一些为难餐厅的事，但餐厅服务员都给予了满意的答复，这让小余感到十分满意，他感到在这家餐厅受到了应有的尊重。后来，他把业务上的招待都放在了这家餐厅，成了这家餐厅的常客。前一家餐厅做法，既伤害了客人，又损坏了餐厅形象，从而失去了一大批客人。

（5）真诚的态度和热情周到的服务。真诚、热情、周到的服务使客人感受到你对他的关心、理解和体谅，并满足了他的正当要求。例如，某一天，一位怀孕的女士同她的朋友来到西餐厅，她让服务员为其上四杯咖啡，服务员小林立即答应客人并开始准备。细心的小林想：怀孕的女士不宜喝咖啡，喝牛奶会好一些。于是，她特意选了一杯牛奶给这位女士，另外三位客人分别喝上了咖啡。给这位女士上牛奶时，小林轻声地说："我考虑到您有了身孕，不宜喝咖啡，便自作主张给您上了牛奶，不知道您介不介意？"这位女士听了这暖心的话，连声感谢。这是一个细心服务的案例，这位服务人员具备了一定的服务常识。

（6）了解顾客心理。了解顾客的方式有间接的也有直接的。间接的方式通过宾客档案、预订信息、接待单等；直接的方式通过对客人的观察和接触来体现。但更多更贴切的了解是通过直接的方式，这就要求餐厅服务员应具备良好的观察力。一个观察力较强的服务员，在日常接待中能够提供对顾客的眼神、表情、言谈、举止的观察，发现顾客某些不明显却很特殊的心理动机，从而运用各种服务心理策略和灵活的接待方式来满足顾客的消费需求。以下是观察并理解的几个要点：

①注意观察顾客的外貌特征。从体貌、衣着可以对顾客特征做出初步的判断。对衣着考究的先生和穿着美艳的女性而言，他们需要就座于别人容易观察到的地方；而穿着情侣装的恋人，也希望受到别人的欣赏和羡慕，他们的座位也同样希望安排在比较引人注目的位置上。档次高的客人要求也高，因为他们花了足够多的钱，他们就要求等值的服务，他们经常去档次高的酒店，他们会比较，他们会对比。正确辨别客人的身份，注意顾客所处的场合。顾客的职业、身份不同，对服务工作就有不同的需求。另外，顾客在不同的场合，对服务的需求心理也是不一样的，这就要求服务员应该根据宾客的不同

性别、年龄、职业、爱好为宾客提供有针对性的服务。

②注意倾听顾客语言。通过对话、交谈、自言自语等，这种直接表达形式，有助于服务员了解到顾客的籍贯、身份、需要等。分析语言并仔细揣摩宾客语言的含义，有助于理解宾客语言所表达的意思，避免误解。例如，某餐厅来了几位客人，从他们的谈话中，服务员了解到，一位顾客宴请朋友，既要品尝某道名菜，又想品尝到其他菜点，服务员主动向其介绍了餐厅的各种风味小吃，从烹制方法到口味特点、营养价值，说得客人垂涎欲滴，食欲大增，一连点了好几道菜，吃得津津有味，十分高兴。

③读懂客人的身体语言。身体语言即无声语言。它比有声语言更复杂，它可以分为动态和静态两种。动态语言包括动作语、手势语及表情语，静态语言为花卉语和服饰语，通过这些间接的表达形式可以反映出宾客是否接受、满意等。

④仔细观察顾客的表情。客人的行为举止和面部表情往往是无声语言的流露，宾客的心理活动也可以从这方面流露出来，通过对顾客面部表情（如眼神、脸色、面部肌肉等方面）的观察，从而做出正确的判断。例如，红光满面、神采飞扬是高兴、愉快的表示；面红耳赤是害羞或尴尬的表现；双目有神，眉飞色舞是心情兴奋、喜悦的表现；倒眉或皱眉是情绪不安或不满的表示。如客人进了餐厅，服务员立即站在客人旁边等候客人点菜，这样会使客人感到不便甚至紧张，服务员应在递上菜单后，稍作停留退在一旁，给客人留有自行商量的空间，在主人抬头时，服务员应立即出现或回答问题，自然地介绍、推销特色菜肴。在对客服务中服务员要学会察言观色。

⑤换位思考，对宾客的处境做出正确的判断。例如，某餐厅来了一位客人，点好菜后独自一人开始用餐。"服务员，有开水吗？"这位先生看着小刘问道。"有，请稍等，马上给您送过来。"小刘立刻给客人送上了开水，这时客人的手机响了，客人接完电话后，立刻加快了吃饭的节奏，显然他需要赶时间。小刘看到后想，开水刚送过去，温度还很高，于是趁客人没来得及喝时，赶紧给客人送上了一杯冰块，他微笑着对客人说："先生，这里有冰块，如果您觉得有些烫，就加上一些。"客人有些意外地看了小刘一眼，然后对他说"谢谢了"。后来，小刘留意到客人往杯子里加了冰块，试了一小口，然后一饮而尽，他冲小刘微笑了一下，就急急忙忙结账离开了。从这个案例中我们可以看出做服务工作时要眼观六路、耳听八方，只有全身心放在客人身上，想宾客所想，急宾客所急，才能及时地为宾客提供优质服务。

6.2.2 菜品酒水推销技巧

（1）推销菜品的基本技巧。当迎宾把客人引领到餐位上后，服务人员要主动向客人介绍当天供应的菜式。此时，服务员应站在客人的右边，距离保持在 0.5～1 米，姿势端正，面带微笑，身体稍向前倾，留心听、认真记。

（2）熟悉产品，适时介绍菜品。熟悉菜品是餐饮推销的前提，服务员要熟悉菜单上的每个菜品，熟悉各菜品的主料、配料、烹调方法和味道。菜品的介绍要能调动顾客的购买动机。

（3）适时推荐高价菜品。在服务过程中，如果看到顾客在点菜时犹豫不定，服务员可适时介绍、推荐高价菜品或高利润菜品。一般来说，高价菜品和饮料毛利额较高，同时这些菜品和饮料的确质量好、有特色。

（4）如果客人点的菜没有供应时，应先道歉："对不起，今天生意特别好，××菜已经售完，您看××菜怎么样？"为客人推荐的菜肴应该与客人所点的类似，或者是更有特色的菜品。如果客人点了相同类型的菜要提醒客人，另点其他菜式。如果客人表示要赶时间，尽量建议客人点比较快的菜，不向客人推荐蒸、炸、炖的菜品。

（5）客人点菜完毕后，要征求客人点菜的分量，然后向客人重复菜单，检查是否有听错或漏写的内容。没听清客人的话时要说："对不起，请您重复一遍好吗？"说话时声音以客人能够听清为宜。

（6）推销酒水的基本技巧。在推销前，服务人员要牢记酒水的名称、产地、香型、价格、特色、功效等内容，回答客人疑问要准确、流利。含糊其词的回答会使客人对餐厅所售酒水的价格、质量产生怀疑。在语言上也不允许用"差不多""也许""好像"等词语。例如，在推销"××贡酒"时应该向客人推销："先生，您真有眼光，××贡酒是我们餐厅目前销售最好的白酒之一，之所以深受客人的欢迎，是因为制作贡酒所用的矿泉水来自当地一大奇观'××泉'，××贡酒属于清香型酒，清香纯正，入口绵爽，风味独特，同时还是您馈赠亲朋好友的上好佳品，您选它我相信一定会令您满意的。"

6.2.3 不同服务阶段的推销技巧

（1）餐前准备推销技巧。餐厅产品推销从顾客走进餐厅的那一瞬间就开始了，从餐厅装饰与菜品产品的搭配到餐前准备的餐桌摆台，确实应了那句话：营销无处不在。餐厅摆台时可以在菜牌上附上专栏、夹上别的纸张或其他装置；将酒杯与其他餐具一起摆在桌上；特价或促销活动，如好酒论杯计或每月特选等；在餐桌上放置菜品酒水宣传卡。这些看似微不足道的细小环节，可能是顾客在走进餐厅以后最先注意到的东西，所以我们餐厅服务员在餐前准备时就应当从一些细小的环节中来挖掘推销技巧。

（2）用餐中的推销技巧。绝大多数进入餐厅的客人对自己今天吃什么，没有一个准确的概念。一个优秀的服务人员在与客人短暂接触后，应能准确判断出自己接待客人的消费水平在一个什么样的档次，只有判断正确才能有针对性地给客人推销菜点和酒水。"酒过三巡，菜过五味"，宴席随之会进入一个高潮。这时，服务员不失时机地推销餐厅的菜品和酒水往往都能够获得成功。比如："各位先生打扰一下，看到大家喝得这么高兴，同样我也感到很开心，只是现在酒已所剩不多，是否需要再来一瓶呢？"往往用餐客人中有人会随声附和，"好，那就再来一瓶"，这样酒就很容易地推销出去了。

（3）菜上齐后的推销技巧。菜上齐后，首先要告诉客人："各位打扰一下，您的菜已经上齐，请慢用。若还有其他的需要，我非常愿意为您效劳。"这样说有两层含义：一是要让客人清楚菜已上齐，看看与所点的菜是否一致；二是要提醒客人如果菜不够的话可以加菜。

6.2.4 针对不同顾客类型的推销技巧

（1）对小朋友的推销技巧。小朋友到餐厅就餐一般都是由父母带着，对于不是经常光顾餐厅的小朋友来说，对餐厅的一切都会感到新鲜。如果要问小朋友喜欢吃什么菜，他们一般都说不上来，但在挑选饮料上却恰恰相反。由于电视广告的作用，小朋友对饮料的种类如数家珍。在接待小朋友时，要考虑一下推销哪种饮料才能让他喜欢。可以这样说："小朋友，你好，阿姨给你介绍××牛奶果汁，非常可口、好喝，如果你喜欢的话告诉阿姨，阿姨帮你拿好吗？"

（2）对老年人的推销技巧。给老人推销菜品时要注意菜肴的营养结构，重点推荐含糖量低、易消化的食品或者软嫩不伤牙齿的菜肴，如："您老不如品尝一下我们酒店的这一道菜，它的名字叫脆糖豆腐。这道菜的特点是吃起来像豆腐，但却是用蛋清等原料精制而成，入口滑嫩、味道鲜香、有丰富的营养价值，因其外形酷似豆腐，所以我们就把它称为'脆糖豆腐'。我相信一定会让您满意的。同时也祝您老福如东海、寿比南山。"

（3）对情侣的推销技巧。恋人去酒店用餐不是真的为吃菜肴，而是吃环境，浪漫的就餐氛围会吸引更多的情侣光顾。服务人员在工作中要留心观察，如果确定就餐的客人是情侣关系，在点菜时就可以推销一些有象征意义的菜，比如"拔丝香蕉"象征甜甜蜜蜜、如胶似漆等。同时服务人员可以针对男士要面子，愿意在女士面前显示自己的实力与大方，并且在消费时大都是男士掏钱的情况，可适当推销一些高档菜。

（4）对挑剔客人的推销技巧。在日常接待服务工作中，服务人员经常会碰到一些对餐厅"软件"和"硬件"评头论足的客人。对于爱挑毛病的客人，服务人员首先要以自己最大的耐心和热情来服务，对于客人所提意见要做到"有则改之，无则加勉，不卑不亢，合理解答"。要尽可能顺着客人的意思去回答问题，在推销饭菜和酒水时要多征求客人的意见，例如，"先生，不知您喜欢什么口味的菜，您不妨提示一下好吗？我会最大限度地满足您的需求"，同时要切记，无论客人如何挑剔，都要以灿烂的微笑对待。

（5）对犹豫不决客人的推销技巧。有些客人在点菜时经常犹豫不决，不知道该点哪道菜好。从性格上讲这种客人大部分属于"随波逐流"型，没有主见，容易受到别人观点左右。因此，面对这些客人，服务人员要把握现场气氛，准确地为客人推荐酒店的招牌菜、特色菜，并对所推荐的菜品加以讲解。一般这类客人很容易接受推荐的菜肴，很多情况是客人选了半天什么都没点，所点的全都是服务员推荐的。

（6）对消费水平一般客人的推销技巧。一般来说，工薪阶层客人的消费能力相对较弱。他们更注重饭菜的实惠，要求菜品价廉物美。在向这些客人推销菜品时，一定要掌握好尺度，要学会尊重他们，如果过分、过多地推销高档食品会使他们觉得窘迫，很没面子，甚至会极大地刺伤客人的自尊心，容易使客人产生店大欺客的心理。所以在推销高档菜品、酒水时，要采取试探性的推销方法，如果客人坚持不接受，那么就需要服务人员转过来在中、低档菜品、酒水上做文章。切记，消费水平不高的客人同样是酒店尊贵的客人，厚此薄彼会使这些客人永不回头。

6.2.5 餐饮服务沟通用语

餐饮服务中的语言表达非常重要。良好的语言交流能使客人之间更好地沟通，促进同事之间的合作，从而提高工作效率和减少顾客投诉，创造一个和谐宁静的工作氛围。常用的语言沟通有以下方法：

（1）选择问句法。是指在推销时不以"是"与"否"的问句提问，如不要问："先生，您要饮料吗"，这样问句的答复往往是要或不要，容易使餐厅失去销售机会。

（2）语言加法。指尽可能多地罗列菜肴的各种优点。

（3）语言减法。向客人说明如果不吃这道菜会是一种损失。

（4）语言乘法。客人点一份菜品可以得到更多的享受。

（5）语言除法。即将一份菜的价格分成若干份，使其看起来不贵。

（6）一卷芭蕉法。又称"转折术"，即先顺着客人的意见，然后再转折阐述。

（7）赞誉法。例如，"这叉烧饭是我们这里的招牌菜之一，您不妨试试"。

（8）亲近法。例如，"您一直这么关照我们的生意，今晚我特意介绍一道好菜给您"。

（9）借人之口法。例如，"客人都反映我们这里的木桶饭做得很好，您愿意来一份吗"？

【项目总结】

在本项目中我们介绍了酒店餐饮部沟通工作的基本内容，餐饮部岗位复杂，管理和服务环节较多，直接面对来自五湖四海的客人，顾客需求各不相同。作为餐饮部员工要熟知顾客心理，掌握各种情况下对客沟通的技巧，加强推销能力的培养，合理、正确地解决各种疑难问题。

【项目练习】

1. 思考练习题

（1）全面总结餐饮对客沟通中体现绿色、生态、健康方面的服务用语。

（2）总结餐厅里迎送客人、斟倒酒水和结账时的服务用语。

（3）请各小组分别找出一个餐饮服务的案例，并进行分析。

（4）熟悉酒店餐饮部的常用工作表格。

2. 请为以下餐饮部常见问题制订解决方案

（1）菜品里吃出苍蝇、头发等异物怎么办？

（2）客人对菜品不满意时怎么办？

（3）不小心将菜汤或酒水洒在客人身上怎么办？

（4）遇到醉酒客人怎么办？

（5）客人结账时要求打折怎么办？

（6）给客人上错了菜怎么办？

（7）给客人预留的餐位没有了怎么办？

（8）客人提出酒水是假的怎么办？

（9）客人用餐时丢失了物品怎么办？

（10）给客人结错了账单怎么办？

3. 案例分析

中午12点正是用餐高峰，在餐厅用餐的客人项女士招呼值班的服务人员小蔡过来，低声对她抱怨说旁边的客人打电话声音太大，吵到自己用餐了。

　　小蔡仔细观察了下，项女士旁边的客人确实情绪十分激动，打电话声音很吵，于是小蔡走过去，委婉提醒客人不要影响周围客人，虽然客人当时答应下来，但是声音仍然很大。

　　看见项女士皱着眉头不开心的样子，小蔡上前和项女士表达了歉意，并表示愿意帮其换桌，得到项女士的同意后，小蔡为她安排了更安静的位置，并再次表达了歉意，项女士也对小蔡的服务表示了感谢。

点评：

　　想要避免客诉，就要确实为客人解决问题，在这个服务案例中，小蔡的服务亮点有：

　　（1）对客人需求的重视。当项女士对噪声表达不满时，小蔡第一时间找到隔壁客人反馈，虽然未能解决问题，但对客人的重视被项女士看在眼里。

　　（2）良好的协调能力。当劝说隔壁客人未见效时，再次劝说可能引起隔壁客人不满，于是小蔡转而建议项女士换桌，灵活变通的协调能力为问题找到了解决办法。

　　面对客诉事件，服务人员一定要学会冷静处理、随机应变，不可随意敷衍或草草解决，加深客人的不满。

附录　餐饮部常用工作表格

　　点菜单如表6-1所示。

表 6-1　点菜单

　　　　　　　　　　　　　　　　　　　　　　　　　　　　　　　　　　　　　　No.0001

餐厅：　　　　　　　　　　　桌号　　　　　　　　　　人数

菜　名	份数	备注

服务员　　　　　　　　　　日期　　　　　　时间

酒水单如表6-2所示。

表6-2　酒水单　　　　　　　　　　　　　　No.0001

餐厅：　　　　　　　　　　桌号　　　　　　　　人数

酒水名称	份 数	备注

服务员　　　　　　　　　　　　日期　　　　　　　　时间

宴会预订单如表6-3所示。

表6-3　宴会预订单

主办单位		宴会标准	
举办时间		举办地点		宴会桌数	
宴会人数		主桌人数		次桌人数	
宴会菜单			
酒水单			
台形要求			
音响要求		席签要求	
横幅要求			
出菜速度		司机人数		司机标准	
结账方法		联系人		联系电话	

经手人　　　　　　　　　　时间

物料领用单如表6-4所示。

表6-4 物料领用单

领用部门/人　　　　　　　　　　时间

物品名称	规　格	数　量	备　注

批准人　　　　　　　管理员

员工轮休表如表6-5所示。

表6-5 员工轮休表

		周一	周二	周三	周四	周五	周六	周日
A组6人	1	■						
	2		■					
	3			■				
	4				■			
	5					■		
	6	■						■

就餐环境检查表如表6-6所示。

表6-6 就餐环境检查表

序号	检查细则	等级			
		优	良	中	差
1	玻璃门窗及镜面是否清洁、无灰尘、无裂痕				
2	窗框、工作台、桌椅是否无灰尘和污渍				
3	地板有无碎屑及污痕				
4	墙面有无污痕或破损处				
5	盆景花卉有无枯萎、带灰尘现象				

续表

序号	检查细则	等级			
		优	良	中	差
6	墙面装饰品有无破损、污痕				
7	天花板是否清洁、有无污痕				
8	天花板有无破损、漏水痕迹				
9	通风口是否清洁，通风是否正常				
10	灯泡、灯管、灯罩有无脱落、破损、污痕				
11	吊灯照明是否正常？吊灯是否完整				
12	餐厅内温度和通风是否正常				
13	餐厅通道有无障碍物				
14	餐桌椅是否无破损、无灰尘、无污痕				
15	广告宣传品有无破损、灰尘、污痕				
16	菜单是否清洁，是否有缺页、破损				
17	台面是否清洁卫生				
18	背景音乐是否适合就餐气氛				
19	背景音乐音量是否过大或过小				
20	总的环境是否能吸引宾客				

检查者：   年   月   日

项 目 七

酒店营销部沟通技巧

【思政目标】

本项目旨在帮助学生在酒店营销工作中坚持"文化自信"的原则，立足本岗，笃行实干，以饱满的热情干好每一项销售服务工作。酒店和宾客携手创造美好生活，不断提升宾客对酒店的美誉度，提高宾客的幸福指数。

【项目目标】

本项目要求学生了解酒店营销部沟通工作的主要内容，熟悉营销部对客沟通的基本服务流程，掌握市场调研与开发、产品销售、客户关系管理以及大型活动等的沟通技巧，提高营销沟通的水平。

【项目任务】

1.营销部的沟通工作概述。
2.掌握营销部沟通技巧。

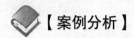【案例分析】

忙碌的一天

小王是一家四星级酒店的营销部经理，周一早上开完例会后回到办公室，正巧有一位老客户到营销部来洽谈会议事宜，并找到了小王。小王热情地接待了客户，并与客户进行了愉快的交谈。其间，小王办公桌上的电话响了，小王致歉后接起了电话，是另一位客户打来商谈会议接待事项的。小王热情地和客户洽谈着，大约5分钟后小王想起身旁正在等他的客人，于是便尽量迅速地结束了谈话，马上和在办公室等候的老客户继续沟通。没过几分钟小王的手机响了，也是一位老客户，小王就与这位客人寒暄了几句，小王又交谈了几分钟。刚挂掉手机，销售代表小张走进办公室，说事情紧急，有一项工作需要小王出面与其他部门协调。这时在小王办公室等候的老客户起身告辞了，小王赶紧起身相送，并和老客户说好处理完手中的事务马上和老客户联系。奇怪的是当小王办完手中的事务再给刚才这位老客户打电话时却得知会议已经安排到其他酒店了，而且今年的会议旺季再也没有接到这位老客户所在单位的会议了。

小王心想：无所谓了，反正酒店的生意好，不愁没客户。到节日再去拜访一下，就能拉回来，实在不行就算了。

点评：

小王怎么弄丢老客户的？小王的想法对吗？小王怎么做可以避免类似的事件再次发生？

任务一　营销部的沟通概述

营销部是酒店重要的经济部门，全面负责酒店产品对外销售工作，关系到酒店的营业业绩、酒店的形象及酒店的生存和发展，在酒店起着龙头的作用。对于开展市场调研、客源定位、销售推广、信息收集与反馈有重要作用，可以对酒店的产品、价格、渠道及促销办法等进行营销组合，建立广泛的销售网络，为酒店开辟市场，招揽客源。沟通是酒店营销人员的常规工作和专项工作，是营销人员的基本技能之一。

7.1.1 营销部沟通内容

酒店营销就是为了满足客户的合理要求，为使酒店营利而进行的一系列经营、销售活动，营销的核心是围绕满足客人的合理要求，最终的目的是为酒店营利。酒店营销是酒店经营活动的重要组成部分，它始于饭店提供产品和服务之前，主要研究宾客的需要和促进酒店客源增长的方法，致力于开发酒店市场的潜力，增进酒店的收益。酒店营销部的沟通内容有：

（1）内部沟通。营销部是与各个部门沟通、协作最多、最直接的部门，因此对营销部和营销经理的综合素质、专业素养要求很高，这也意味着，营销部和营销经理不能脱离其他部门的协作与支持而独立工作，因此，营销经理要了解相关部门的规章制度和基本运行情况，本着理解、包容、互助的精神，妥善地解决问题。

（2）外部沟通。营销部是对外开展业务、进行社会公关活动的一线部门。因此，营销经理的一言一行都代表酒店的整体职业素养和形象。酒店宾馆是服务行业，我们所出售的也就是服务品质，营销经理也是服务人员，只不过是服务的形式与其他岗位有所不同而已，因此要求营销经理与其他员工一样，须以绅士、淑女的风度为绅士、淑女提供充满人情化、专业化的服务。可以说，营销经理是酒店的脸面，是酒店精神面貌的直接体现。

（3）信息中心。营销部是酒店的信息中心、参谋部，营销总监就是酒店的参谋长。营销部担当着营销调研、了解市场状况、预测市场走势、制订酒店营销战略和计划、确定酒店的目标市场、制订酒店 4P 组合策略、对外进行社会公关、树立酒店良好形象的任务。因此，营销部是酒店经营战略的规划部门，营销部也是酒店的千里眼、顺风耳，营销经理就是一名白（领）骨（干）精（英）。

（4）服务专家。营销经理的工作价值就是通过良好的售前、售中、售后服务展现酒店的服务理念并创造利润，所以营销经理不仅要是销售好手，还应是一名对酒店其他产品相当熟悉的人。因此，营销经理是一位精通酒店管理、擅长酒店服务、人脉关系广泛、熟悉市场竞争的酒店达人。

7.1.2 营销部沟通工作实务

结合营销部的业务工作，从沟通的角度来看，营销部在对客接待服务中有如下实际工作：

（1）充分了解和掌握市场信息，进行市场分析和预测；了解和掌握同行的业务状况，收集业务信息。向总经理提供报告，在建立可靠的产品销售的基础上，进行经济决策。

（2）组织完成酒店的业务拓展和商品的销售活动，负责业务洽谈及协议，合同的制订与草签；受理个人及单位的订房、订宴会、租赁会议场地等业务。

（3）组织和参与"VIP"客人的接待，并将他们的信息及时地转告给有关部门，向

客人详细介绍宾馆饭店的情况，了解他们的实际需求，尽量给予满足。

（4）凡大型的活动，要向有关业务的单位和个人、客户、常客发贺电、贺年卡，或者邀请他们参加宾馆饭店组织的庆典或纪念活动。

（5）经常对常住客、机关团体、旅行社、宣传部门等进行拜访，认真、细致地介绍酒店情况，密切保持与他们的联系，希望在业务上得到他们的支持。抓住机会进行公关活动，如在酒会、宴会、茶话会、洽谈会、庆祝会等社交活动进行宣传。

（6）建立销售业务档案，以便进行查阅。

（7）部门内部的团队建设与培训。

任务二 营销部的沟通技巧

酒店营销部的沟通任务繁重，内容涉及很多部门和很多工种，营销人员除了日常的对客沟通，还包括各种专业的、事务性的沟通工作。营销人员要掌握日常的沟通工作程序，还要学会人际关系沟通的各项技巧。

7.2.1 营销部与其他部门业务沟通的主要程序

（1）市场营销部与前厅部。

①市场营销部对收到的每份客户订房传真、已确认的团队订房、已确认的会议、已确认的长包房，应及时填写相关表单交前厅部客房预订。

②市场营销部应将所接待的重点宾客的客人等级及餐饮、住房安排标准等内容及时填写相关表单交前厅部客房预订，由前厅部客房预订负责通知其他相关部门。

③预订单上有关旅游团队、散客餐饮标准信息的，市场营销部应根据规定及时通知前厅预订组。

④市场营销部应将所有客户的详细地址、邮政编码、电话、传真、联系人名单及酒店给予该公司的折扣标准等信息以表格形式递交前厅部客房预订。

⑤关于旅游团队延长住房的房价，市场营销部应与前厅部协商，并由市场营销部将协商后的价格通知团队领队。

⑥市场营销部应将海外订房中心及网络的销售价格、产品组合、订房情况和流量报告及进程报告通知前厅部。

⑦市场营销部应及时向前厅部反馈宾客意见，并与前厅部共同安排好来酒店参观者的有关工作。

（2）市场营销部与餐饮部。

①市场营销部接到海内外客户有关餐饮预订内容的电话、传真时，应填写有关通知单送交餐饮部。

②市场营销部对特殊团队、散客需要免费、优惠用餐的，报营销总监审批同意后送交餐饮部执行。

③涉及在餐饮场所进行的重大促销活动或经营活动，市场营销部应事先向餐饮部送达任务通知单，并就任务落实进行协调、拟写备忘录。

④将接到的订餐、酒会、宴会及其他有关任务及时通知餐饮部。

⑤市场营销部负责协助餐饮公司进行营业场所内所需的广告、横幅、装饰设计及各项餐饮促销活动宣传单片的设计、制作工作。

（3）市场营销部与财务部。

①市场营销部制订各项促销价格需及时通知财务部。

②市场营销部与相关单位签订的应收账协议需符合财务部的有关规定，应收账协议文本应交财务部留存。

③市场营销部每月收到财务部开具的各类长包房及应收款账单时，应积极配合做好催款工作。

（4）市场营销部与总经理室。

①市场营销部将收集到的宾客意见和重大投诉及时以书面形式报告总经理阅示，遵照指示妥善处理，并将处理结果反馈给宾客。

②市场营销部须于每年的10月将次年的市场计划、重大活动计划、市场信息报告及各类预算上报总经理室。

（5）市场营销部与工程部。

①市场营销部接到重要团队或重大接待任务需临时增加设备、设施时，应至少提前三天将有关计划和要求预先通知工程部。

②市场营销部接到租用长包房、租赁或承包酒店经营场所等业务时，应至少提前三天将租用方需用的电器设备的情况及时通知工程部，由工程部负责对租用区域内的电器容量进行测定审核后方可使用。若承租方提出需对租用场所进行必要的装修改造时，市场营销部应与工程部共同研究提出实施方案，报总经理批准后由工程部落实并实施。

（6）市场营销部与人力资源部。

①根据本部门工作需要和人力资源部安排，做好员工岗位调整工作和岗位培训工作。

②根据工作需要向人力资源部提出用工申请，参与员工面试并做好新进员工培训。

③市场营销部除做好自身各项业务培训外，应积极配合人力资源部做好本员工岗位资源培训，提高员工的业务能力和素质。

④市场营销部应配合人力资源部做好考勤、业绩考核和工资奖金的评议和发放工作以及部门员工福利性待遇和医疗费用的审核。

⑤市场营销部应做好长包房的住宿登记管理，积极配合保安部做好长包房承租人有效证件的查验和安全协议书的签订工作。

⑥由市场营销部组织的大型活动应事先将活动方案报人力资源部，请其协助维持治安秩序和现场安全检查。

营销部与酒店各部门沟通协调的工作程序复杂，这就要求营销部在与各部门沟通协调时应坚持以下工作标准。一是所有的通知都必须以书面的形式发出，双方需签字认可。二是信息的传递与反馈必须及时、准确，最长不可超过24小时，急事急办。三要注意工作方式，杜绝用强硬、命令的口吻。

7.2.2 营销部对客源市场管理与沟通技巧

（1）预测工作。

首先酒店营销部要做好客源预测工作，酒店通过预测才能考虑接下来的营销步骤，预测需从多方面着手：

①往年同期客源情况的分析。营销人员应该细分和研究去年同期节假日每天客房出租情况，如每日出租房间数、散客房间数，以及来自协议的散客比例、来自订房中心的散客比例等，从而将以往的数据与今年节假日预订情况进行比较。由于旅行社团队往往会提前预订，而且通常越接近节假日时，团队的房间数才会越确定，所以营销人员应每隔一段时间与旅行社核对团队的收客情况，防止旅行社为了控房而进行虚假或水分较大的预订。

②关注节假日期间的天气预报。由于假日客源主要是旅游客人，旅游客的消费属休闲性自费旅游，随意性较大，所以，若天气乐观，可以留出部分房间以出售给临时性的上门散客；若天气情况不妙，要多吸收一些团队，以作为客房的铺垫。需要如何控制和预留房间，还得看看天气情况。

③了解本市同类酒店的预订情况。通过了解竞争对手和不同地段的酒店预订情况，可以估计出自己酒店客房出租的前景。

④关注各媒体报道。通常在节假日前几天，各大媒体包括网上都会争相从相关行业、酒店处了解到最新的情况，进行滚动式报道。

⑤通过其他渠道了解信息。营销人员可以从酒店主要客源来源地的酒店销售界同

行、旅行社、客户那里了解信息。总之，酒店应该尽量通过准确地预测做好节日长假到来的各项准备工作。

（2）做好价格调整准备。

根据预测情况，针对各种客源制订不同的价格策略。新的价格要尽量提前制订，以便留出足够时间与客户沟通。其间营销人员有大量的工作需要落实，不仅通过电话、传真、E-mail通知客户，更要从关心客户的角度出发，提醒客户尽量提前预订，以免临时预订而没有房间。在价格调整中，不同客源的调整幅度可以不一样，对一贯忠诚于酒店的协议公司客人提价要稳妥，要与他们沟通，尽量在协议客人能够承受的幅度间进行提价；对于订房中心的调整可以从网上进行了解，特别是要调查同类酒店的调价情况，结合客户可以承受的能力和酒店自身情况综合考虑。酒店要从长远的眼光来看待与客户之间的关系，不能只做一锤子买卖，因为建立良好的信誉是发展未来客源的基础，绝不可因节假日游人增多而"水涨船高"、肆意涨价。

①合理计划客源比例。根据调查与预测情况，合理做好客源的分配比例，如果预测天气状况不妙，可以增加团队的预订量，如果预测天气较好，可以减少团队预订量。但也不能一刀切，不接团队，除非酒店以前从不与旅行社打交道。酒店可以通过价格的上涨来合理控制或筛选不同细分市场。对于长期合作的系列团队，应尽量提供一定比例的房间。

②合理做好超额预订。酒店常常遇到预订了房间而产生"未出现者"（No-show）的情况。由于国内信用制度还没有彻底完善，客人不会因没有履行预订而承担经济责任，这样就导致了一些不受酒店欢迎的行为。例如，客人可能因为价格或出游人数不确定等因素而做多次、多处预订。这种行为在随意性较大的自费游客中较为普遍，通过多处、多次预订，他们可以拿到较好的价格，可以确保抵达酒店时马上得到房间。然而，No-show会造成酒店空房，除非客人能提前通知酒店取消预订。为了避免No-show情况造成的损失，酒店可以采用超额预订的策略。通过超额预订，酒店可以防范大量未履行预订的风险。然而，如果酒店接受太多的超额预订就得负担客人抵达酒店时没有房间可以入住的风险。为了降低超额预订的风险，酒店可以通过以往节假日No-show和取消的数据进行统计比较，得出一个合理的百分比，从而实现既能够最大限度地降低由于空房而产生的损失，又能最大限度地降低由于未能做好足够预订而带来的损失。因此不仅仅是营销人员要做好预测和超额预订的策略制订，而且需要与总台一线员工进行沟通、培训。如果真出现客人预订而没有房间的情况，要设法事先在同类酒店安排相同档次的房间，并用酒店的车免费将客人送到那里。

③提前做好服务准备工作。一到节日长假的旺季，所有的酒店人力和设施设备都有

可能超负荷运转，因此酒店必须提前进行设施设备的检查，根据预测情况合理安排人手。这在平时可以交叉训练员工，培养多面手，也可以从旅游职业院校预约一些学生兼职，准备好充足的人手。由于在节假日时，旅游客人抵达时间一般会在白天，而前一天的客人退房时间会在中午12：00左右，因此必须准备好充足的服务人手以便能快速打扫、收拾房间。通过预测，其他各个营业场所如车票预订、餐饮、娱乐等服务也要提前做好准备。

④进一步锁定客源。游客虽然是流动的客人，有一些往往是第一次来酒店入住，作为营销人员要想方设法将这些客人锁定，一方面通过酒店充分准备、提供优质服务，给客人留下一个好的印象；另一方面可以通过大堂副理拜访客人、客房内放置节日问候信、赠送小礼物、放置贵宾卡信息表等来实现客人今后回头的可能性。例如，浙江国际大酒店在上年"五一"和"国庆"两个长假期间，在行政楼客房放置了致宾客节日问候信和贵宾卡申请表（贵宾卡在两个国家法定节假日期间不能使用），共计发放贵宾卡600多张。据不完全统计，至今有300多张贵宾卡回头使用，也就是说通过这个方法，酒店锁定了300多位回头客。

⑤做好相关方联合工作。包括与同行酒店及时互通信息，相互核对酒店房态，做到互送客源；与各大网络订房中心随时联络，及时通告酒店房态；与每天预订的客人进行核对，确认客人是否到来、抵达人数、抵达时间等；与媒体电台定时联络。比如杭州的交通旅游台就会定期免费将各酒店房间空闲状况广播给听众。

通过以上几个方面的营销管理与沟通，不仅能为酒店带来可观的收益，更极大地提高了顾客的满意度和忠诚度。

7.2.3 营销部接待服务工作技巧

（1）拜访客户。

工作流程：

①做好拜访前的准备工作，充分了解要走访的客户；

②准备拜访客户时所需的各种资料；

③与客户及时联系、沟通，对客户进行拜访；

④拜访时记录各种信息；

⑤拜访结束后对各种信息进行整理、归档；

⑥专项拜访工作的总结报告；

⑦向上级汇报并提交工作报告，并存档。

关键点：

①掌握客户的详细资料，掌握客户所在单位的运营情况；

②准备好酒店的宣传资料、工作记录本、名片、礼品等，出发前仔细检查有无遗漏；

③拜访时要向客人详细介绍酒店的产品及服务，积极介绍酒店的最新销售政策，争取或稳定客户与酒店的合作意向；

④一定要对拜访记录进行整理，形成报告提交上级；

⑤撰写的报告中一定要有对市场动态、客户需求的分析。

（2）对客销售工作。

工作流程：

①研究分析市场情况，了解顾客需求变化；

②明确销售目标；

③与目标顾客取得联系并开展推销工作；

④推销过程中尽力争取客户的合作意向；

⑤与有合作意向的客户签订协议或合同；

⑥接待客人来店消费；

⑦后续跟进服务。

关键点：

①销售人员要定期按时对市场变化进行分析，定期通报客户信息，根据酒店实际情况确定目标顾客；

②销售人员一定要对目标顾客进行电话拜访或上门拜访，建立对客日常沟通机制，适时推介酒店产品与服务，逐步积累目标顾客群；

③销售人员在接待客户来店消费时，尤其是第一次到店消费的客户，一定要提前做好准备，与各部门协调合作，保证服务质量，在接待过程中要全程跟进，及时处理和解决出现的问题，保证客户的满意度，经常总结经验；

④客户消费结束后要征求客户的消费意见，及时加以改进，并保持与客户的后续联系。

（3）大型活动。

工作流程：

①策划活动内容；

②制订实施方案；

③进行具体的工作分配；

④准备活动物资；

⑤拟定邀请嘉宾，向嘉宾发送邀请函，并进行确认；

⑥正式开展活动；

⑦总结活动经验。

关键点：

①活动方案的主要内容包括：活动主题、活动形式、活动规模，一定要做好活动费用的预算，明确参加人员的要求、分工、环境布置要注意的问题，环境布置所需物品的供应情况及价格等；

②对参加活动的工作人员进行细化分工，并进行相应的培训；

③准备活动所需的设备、器材、陈列物、宣传品等，并在规定时间内完成设备、器材等的安装调试工作，在规定时间内完成场地的布置；

④成立专门的接待处、签到处；

⑤做好防火防盗、交通疏导及环境保护等工作；

⑥向嘉宾发出邀请函后要及时确认嘉宾到会情况；

⑦活动进行中一定要做好跟进服务，发现问题及时解决，保持与相关部门的沟通、联系；

⑧活动后要有总结报告，要对活动的开展情况进行总结，分析问题、总结经验。

7.2.4 酒店营销语言沟通技巧

营销人员对客户进行沟通有很多技巧，主要包括：

（1）销售人员应该保持自己仪容、仪表的干净整洁，举止优雅，给客户留下一种举止文明的感觉。

（2）与人沟通因人而异，应本着灵活多变的原则，根据所应对的客人不同而采取不同的语言方式。

（3）在与客人沟通、交流的时候，要切记不要与客人称兄道弟，要给予客人足够的尊重和敬意，你们关系再好，他们也是客人。

（4）切忌与客人或者同行透露酒店内部信息，记住你是企业的一分子，酒店不好过了，你也不会好过。

（5）营销人员与客人沟通时最重要的就是灵活变通，要有能够处理紧急情况的能力。

【项目总结】

营销部是酒店重要的经济部门，全面负责酒店产品对外销售工作，包括客房、餐饮、会议等，关系到酒店的营业业绩、酒店的形象及酒店的生存和发展，在酒店起着龙头的作用。营销人员要熟悉酒店服务与管理知识，掌握各种沟通技巧，娴熟地应对各种复杂的工作环境。

【项目练习】

1. 思考练习题

（1）全面总结营销对客沟通中体现文化自信、客户满意、主宾双赢的服务用语。

（2）总结营销部客户预订、客户拜访以及和旅行社沟通的服务用语。

（3）请各小组分别为营销部设计一个大型活动邀请函。

（4）熟悉酒店营销部的常见工作表格。

2. 请为以下营销部常见活动制订工作方案

（1）酒店店庆活动。

（2）酒店春节活动。

（3）夏季促销活动。

（4）大客户联谊会。

3. 案例分析

每年一度的中秋节月饼销售都是酒店营销部的重头戏。某酒店销售部在7月初就接到了今年的销售任务，要求销售2500盒月饼。营销部经理不仅制订了详细的促销方案，将任务落实到人，还亲力亲为寻找每一个销售机会，督促每位员工的工作进度。

事例一：某公司一直是酒店的忠实客户，营销部经理带人将月饼送到公司负责人处试吃，并按照公司要求重新设计了月饼包装，将价格进行了调整，使得双方达成了销售协议，得到双方领导的赞扬，一次销售月饼1000盒。

事例二：为实现销售目标，营销部经理亲自带队来到当地的科技产业园，为园区的企业展示月饼礼盒。在得知客户想要潮式月饼和苏式月饼后，营销部经理马上和酒店餐饮部进行沟通，随即联系了当地的月饼厂家，当天下午就将客户需要的月饼样品送到了客户办公桌上。酒店所做的努力让客户非常满意，几次洽谈下来，双方达成了销售800盒的协议。

当一位同事遇到瓶颈时，其他同事毫不犹豫地伸出援助之手；当为客户提供免费送货上门时，营销部员工都帮助搬运，甚至工程部等部门的员工也出手帮忙；很多员工

不惜牺牲个人休息时间，外出联系客户、广为传播信息。最终，酒店营销部实现了销售3946盒月饼，超额完成了任务。

资料来源：https：//wenku.baidu.com/view/156554ada12d7375a417866fb84ae45c3b35c2b1.html?_wkts_=1676022615253。

点评：

在酒店管理层的正确领导下，营销部圆满完成了年度月饼销售任务，成功的经验总结如下：

（1）在酒店各部门、全体员工的共同努力下，大家紧密协作、同甘共苦，不计较个人得失，使酒店在激烈的市场竞争中战胜对手，赢得了良好的经济效益和社会效益。

（2）酒店在为客户服务过程中，以客户需求为导向，围绕客户个性化需求调整产品，调整销售策略，一切为了客户满意，实现了酒店和客户的双赢。

（3）这次成功的月饼销售活动，充分展示了酒店员工的敬业精神和职业素养，成功地塑造了酒店品牌形象，大力提升了酒店竞争力，为酒店同行业发展树立了标杆。

附录　营销部常用工作表格

客户信息统计表如表7-1所示。

表7-1　客户信息统计表

拜访时间：

客户名称	地址	电话/传真/手机	行政接待联系人	主要领导	曾入住酒店及协议价格	主要部门负责人	反馈信息

填表人：

团队预订单如表 7-2 所示。

表 7-2　团队预订单

预订日期：

抵店日期		抵店时间		离店日期		离店时间	
团队名称				人数		国籍	
旅行社公司名称							
联系人				电话		传真	
房量		豪华标准间					
房价				付款方式			
叫醒时间				出行的时间			
早餐时间		用餐地点				用餐人数	
用餐标准				付款方式			
晚餐时间		用餐地点				用餐人数	
用餐标准				付款方式			
特殊要求							
备注							

接单人

审批：

接单日期

散客预订单如表 7-3 所示。

表 7-3　散客预订单

No.

宾客姓名		人数		男：　　人 女：　　人	户籍地 或国籍	
抵店时间		年　月　日　时			航班／车次	
离店时间		年　月　日　时			航班／车次	
拟住天数	天		接待标准		元／间·天	
房间要求			特殊要求			
付款方式	直接付款	现付□　优惠券□ 支票□　消费券□ 信用卡□		间接付款	金卡□ 托收□	有效签字人

续表

单位			联系方式		
房务部	财务部		签发	接待人	
备注					

年　　月　　日

会议设备使用通知单如表7-4所示。

表7-4　会议设备使用通知单

设备名称	出租期限		费用	设备情况	承租人	经办人	备注
	月　日—	月　日					
	月　日—	月　日					
	月　日—	月　日					
	月　日—	月　日					
	月　日—	月　日					
	月　日—	月　日					
	月　日—	月　日					
	月　日—	月　日					
	月　日—	月　日					
	月　日—	月　日					
	月　日—	月　日					
	月　日—	月　日					
	月　日—	月　日					
	月　日—	月　日					
	月　日—	月　日					
	月　日—	月　日					
	月　日—	月　日					
	月　日—	月　日					

设备名称	出租期限	费用	设备情况	承租人	经办人	备注
	月　日—　月　日					
	月　日—　月　日					
	月　日—　月　日					
	月　日—　月　日					
	月　日—　月　日					

会议接待指令单如表 7-5 所示。

表 7-5　会议接待指令单

编号　　　　　签发：

一、活动名称：_____

二、活动时间：_____　会议地点：_____　人数：_____

三、主办单位：_____

四、有效签字人：_____　　　　会务组：_____

五、内部协调第一责任人：____联系电话：_____

　　内部协调第二责任人：____联系电话：_____

六、接待规格：□ VIP 级　　□常规

七、会议安排

1.会议时间：____年____月____日____时至____时

　　　　　　____年____月____日____时至____时

　　　　　　____年____月____日____时至____时

　　　　　　____年____月____日____时至____时

备注：_____

2.参加人数：_____人

3.会议地点：

　　□ 5F 多功能厅　　□ 5F 第一会议室　　□ 5F 第二会议室　　□ 5F 西餐厅　　□ 3F 华夏厅

　　□ 3F 维也纳厅　　□ 3F 山东厅　　□ 2F 芙蓉堂　　□ 1F 贵宾厅　　□其他会场

备注：_____

4.场租：____元/天，计费天数：____天，合计场租：____元

5.会场形式：□课室式　　□剧场式　　□ U 形会场　　□回形会场　　□其他形式

备注：_____

八、各部门分工

1.前厅部

（1）于___年___月___日前预留：

　　房型：_____　间数：_____　价格：_____元/间·天（13% 服务费　□加收　□免收）

　　房型：_____　间数：_____　价格：_____元/间·天（13% 服务费　□加收　□免收）

　　房型：_____　间数：_____　价格：_____元/间·天（13% 服务费　□加收　□免收）

　　房型：_____　间数：_____　价格：_____元/间·天（13% 服务费　□加收　□免收）

（2）房卡：□预制　□不预制

（3）宾客入住形式：□散客　□团队　□分配客房　□自理　□代办（附名单及要求）

（4）宾客到店车次（航班）：_____　到店时间：_____　接站服务：□是　□否

（5）代订车票（机票）：□是　□否　车次（航班）：_____　数量：_____　目的地：_____

（6）行李服务：□是　□否_____

（7）总机服务：

　　a. 长话：□开　□关　　市话：□开　□关

　　b. 叫醒服务：□是　□否　　时间：_____　房号：_____

2. 客房部

（1）提前清扫房间：□是　□否　　时间：_____　房号：_____

（2）房间小酒吧：□保留　□撤除

（3）房内其他要求：□花插：_____　□果盘：_____

（4）会场盯厕服务：□是　□否

（5）洗衣服务：_____

（6）其他：_____

3. 康乐部

（1）会议服务要求：

　　□茶水：□绿茶　□花茶　□红茶　□乌龙茶　其他

　　□果盘：标准：____元/个，数量：____个，共计：____元

　　□茶歇：标准：____元/位，人数：____人，共计：____元

（2）会议所需物品及设备：

　　□白板　　　□白板擦　　　□水性白板笔____只　　　□信纸　　　□铅笔　□圆珠笔

　　□激光教鞭　□有线麦克风____只　　□无线麦克风____只　　□录音____元/小时

（3）绿色植物品种、数量及摆放要求：

（4）康乐服务

　　a. □保龄球：消费时间：_____价格：_____服务费　□加收　□免收

　　b. □游泳池：消费时间：_____价格：_____服务费　□加收　□免收

　　c. □桑拿浴：消费时间：_____价格：_____服务费　□加收　□免收

　　d. □健　身：消费时间：_____价格：_____服务费　□加收　□免收

　　e. □棋牌室：消费时间：_____价格：_____服务费　□加收　□免收

　　f. □歌舞厅、KTV：消费时间：_____价格：_____服务费　□加收　□免收

（5）其他_____

4. 餐饮部

（1）会议服务要求：

　　□茶水：□绿茶　□花茶　□红茶　□乌龙茶　□其他

　　□果盘：标准：____元/个，数量：____个，共计：____元

　　□茶歇：标准：____元/位，人数：____人，共计：____元

（2）会议所需物品及设备：

　　□白板　□白板擦　□水性白板笔____只　□信纸　□铅笔　□圆珠笔　□激光笔

（3）用餐要求：

　　a. 用餐形式：□零点　□宴会　□自助餐　□会议桌餐

　　b. 用餐地点、标准及人数：_____

　　□2F 餐厅　标准：____元/人　用费人数：____人　桌数：____桌

　　□3F 餐厅　标准：____元/人　用费人数：____人　桌数：____桌

　　□5F 餐厅　标准：____元/人　用费人数：____人　桌数：____桌

　　c. 服务费：□加收　□免收

（4）其他：_____

5. 工程部

（1）会议所需设备的安装：_____ 会议接待部门确认安装调试结果：_____

    □有线麦克风____只   □无线麦克风____只 □领夹式麦克风____只   □电脑投影仪____元／天

    □笔记本电脑____元／天   □电视   □VCD   □音响

（2）条幅的安装：位置：_____   安装完成时间：_____

（3）保证设施、设备的正常运转。

6. 财务部

（1）房价：□公开 □保密

（2）杂费：□自理 □会议结算 □免收 □其他形式

（3）押金收取：会议消费总额的□15% □30% □50%

（4）结账方式：□现金 □支票 □金卡 □担保

（5）服务费：□加收 □免收

（6）电脑房：

    电脑刻字：_____

    内容：_____

    规格：____cm×____cm   制作完成时间：_____

（7）其他：_____

7. 安全部

（1）停车位：□预留 □不预留

（2）制订紧急事件处理方案：□是 □否

（3）交通协调：会议用车车号（车型）_____

    5座以上车号（车型）_____

    抵店时间：____日____时____分

（4）其他：_____

8. 营业部

（1）指示牌／路标：数量____个，规格：□大 □小，摆放位置：_____

    内容：_____   费用：_____元

（2）条幅：内容：_____

    规格：____m×____m   费用：____元

（3）桌签：内容：_____

    数量：_____   费用：____元

（4）□投影屏幕 □胶片投影仪____元／天 □摄影____元／小时 摄像____元／小时

（5）会议期间负责与会务组协调随时补充未尽事宜，做好服务工作。

（6）其他：_____

9. 车队

（1）租用车型：

    □依维柯   （车号：鲁A×××××）   费用：____元

    □桑塔纳   （车号：鲁A×××××）   费用：____元

    □丰田佳美 （车号：鲁O×××××）   费用：____元

（2）其他：_____

计划拟订：_____   营业部经理：_____

时   间：_____   时   间：_____

会议准备情况完成记录：

	计划 发放	会场 布置	设备 安装	房卡 制作	用餐 安排	客房 准备	路标 指示	车辆 使用	车辆 停放	押金 收取
完成时间										
工作人员										
检查人员										

会议接待所需物品及服务清单如表7–6所示。

表7–6 会议接待所需物品及服务清单

（会议时间： 年 月 日至 年 月 日）

一、报到

会 标：□主楼门口 □会堂门口 □贵宾楼门口 □南风阁门口
　　　　□拱北楼门口电子屏
　　　　内容：
　　　　挂撤时间：

签到台：□主楼大厅 □会堂大厅 □贵宾楼大厅 □南风阁门口
　　　　□拱北楼大厅 □会场外
　　　　①1桌3椅 ②2桌5椅 ③3桌8椅 ④4桌10椅
　　　　摆撤时间：

指示牌：□主楼大厅 □会堂大厅 □贵宾楼大厅 □南风阁大厅
　　　　□拱北楼大厅 □重华堂楼梯口 □餐厅门口
　　　　内容：
　　　　摆撤时间：

背景板：□签到处背景板 □室外背景板
　　　　摆撤时间：

拱 门：□主楼门口 □会堂门口 □贵宾楼门口 □南风阁门口
　　　　□拱北楼门口 □正门道路 □大舜像前广场 □地球仪南侧
　　　　内容：
　　　　摆撤时间：

空 飘：□主楼门口 □会堂门口 □贵宾楼门口 □南风阁门口
　　　　□拱北楼门口 □大舜像前广场
　　　　内容：
　　　　摆撤时间：

鲜 花：□桌花 □花篮

其 他：□签到簿 □易拉宝 □网线
　　　　□接线板 □抽奖箱 □会务费收取 □验钞机
　　　　□礼仪服务 □行李服务 □票务服务

二、客房
　　　　□鲜花 □果盘 □客房网线 □客户商品
　　　　□上网 □笔记本电脑

三、餐饮
　　　　①时间： 地点： 人数： 标准： 形式：
　　　　②时间： 地点： 人数： 标准： 形式：

③时间： 地点： 人数： 标准： 形式：

④时间： 地点： 人数： 标准： 形式：

鲜　花：□桌花（盆）　　　□瀑布花（个）　　　□花篮（个）　　　□胸花（个）

绿　植：□常规绿植　　　　□特需绿植

麦克风：□有线（　个）　　□无线（　个）

　　　　□席签　　　　　　□菜单　　　　　　□餐券　　　　　　□餐间演出

　　　　□音响　　　　　　□投影仪　　　　　□投影幕布　　　　□激光笔

　　　　□演讲台　　　　　□地台　　　　　　□酒水　　　　　　□背景音乐

　　　　□特殊要求

四、会场

①时间： 地点： 人数： 形式：

②时间： 地点： 人数： 形式：

③时间： 地点： 人数： 形式：

④时间： 地点： 人数： 形式：

会　标：□主会标　　　　　□尾标　　　　　　□侧标

　　　　①内容：

　　　　②内容：

鲜　花：□桌花（　盆）　　□瀑布花（　个）　□花篮（　个）　　□胸花（　个）

　　　　□主题造型花卉

绿　植：□常规绿植　　　　□特需绿植

麦克风：□有线（　个）　　□无线（　个）　　□胸麦（　个）

其　他：□合唱话筒（　个）□会场内背景板　　□主席台（　人）

　　　　□演讲台　　　　　□地台　　　　　　□红旗背景台

　　　　□音响　　　　　　□电影放映机　　　□电影幕布

　　　　□投影仪　　　　　□投影幕布　　　　□激光笔

　　　　□会场电子屏　　　□白板及白板笔　　□笔记本电脑

　　　　□液晶电视　　　　□屏蔽器　　　　　□接线板

　　　　□抽奖箱　　　　　□录音　　　　　　□会场上网

　　　　□会场外线电话　　□演出　　　　　　□颁奖

　　　　□背景音乐　　　　□茶水　　　　　　□矿泉水

　　　　□香巾　　　　　　□果盘　　　　　　□茶歇

　　　　□席签　　　　　　□纸、笔　　　　　□礼仪服务

　　　　□提前布置会场　　□室外场地租用

五、其他

　　□合影　　　　　　□租车服务　　　　　□旅游服务　　　　　□手机短信服务

六、备注事宜

_____

_____

_____

宾客签字：　　　　　销售经理：

　　　　　　　　　年　　月　　日

某酒店会议报价如表 7-7 所示。

表 7-7 某酒店会议报价

一、客户

房型		数量	门市价格 （元/间·天）	会议优惠价 （元/间·天）	备注
主楼	标准间	用房总数 不低于 30 间			净价
	单人间				净价
	套间				净价
贵宾楼	标准间	用房总数 不低于 5 间			净价
	单人间				净价
	复式间				净价
	套间				净价

二、会议室

名称	半天/全天 门市价格（元）	半天/全天 优惠价格（元）	形式	人数	备注

三、就餐

地点	人数	早餐（元/人）		午餐 （元/人）	晚餐 （元/人）	形式	备注
		门市价	优惠价				

另：正餐需加收消费总额的 10% 服务费及 1% 副食调节税；如自带酒水需加收消费总额的 20% 服务费及 1% 副食调节税。

联系电话：　　　传真：　　　网址：

××酒店营销部

某酒店营销部销售人员拜访日报表如表7-8所示。

表7-8 某酒店营销部销售人员拜访日报表

销售经理：　　　　　　　　　　　　　　　　　　　　　　　　　　　　　年　月　日

序号	客户名称	时间	内容	被拜访人	职务	电话	意见（信息）反馈	客户类别					拜访形式			
								企业	市直	省直	公司	其他	电话	登门	店内	其他

注：本表每周一至周五下午5时交营销部文员，填写字迹要工整，内容要翔实。意见（信息）反馈项必须填写，如内容填写不开可在"其他"栏中补充，客户类别处打√后，新客户用N表示，老客户用O表示。

营销部合同一览表如表7-9所示。

表7-9 营销部合同一览表

　　　　　　　　　　　　　　　　　　　　　　　　　　　　　　　　　　　　No.

序号	合同名称	合同种类			合同编号	下单日期	抵离日期	店内陪同	更改内容	备注
		重大	特殊	普通						

序号	合同名称	合同种类			合同编号	下单日期	抵离日期	店内陪同	更改内容	备注
		重大	特殊	普通						

营销部已确认综合类预订评审记录如表 7-10 所示。

表 7-10　营销部已确认综合类预订评审记录

日期	活动名称	人数	用房数量	会场时间及地点	餐厅时间及地点	销售经理	评审人	预订时间	备注

项 目 八

酒店日常沟通技巧

【思政目标】

本项目旨在帮助学生在酒店日常工作中按照"推进文化自信自强，铸就社会主义文化新辉煌"的重大部署，增强中华文明传播力影响力，提升文明素养，传播中华文化，促进社会美好发展。

【项目目标】

本项目要求学生了解酒店日常沟通工作的主要内容，熟悉酒店服务常用的沟通技巧，掌握招聘、见面与会谈、电话、演讲以及谈判等的沟通技巧，提高综合素质和职业素养。

【项目任务】

1. 了解酒店服务沟通的知识及沟通技巧。
2. 掌握招聘、见面与会谈、电话、演讲等酒店常用的沟通技巧。

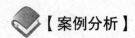

【案例分析】

一次招聘面试

我们5个来自不同地方的应聘者终于从数百名竞争者中脱颖而出，成为进入这家知名大公司最后一轮面试的佼佼者。

面试那天早上，公司要求9点到达现场，我们都比规定时间提前了半小时抵达。为了打破尴尬的僵局，我们勉强地聚在一起闲聊起来，看着眼前这些随时会威胁自己的对手，我们在交谈中彼此都显得矜持和保守，甚至夹着一丝丝冷漠和虚伪……

忽然，有个青年男子也急急匆匆地赶过来，他的到来成为我们转移话题的好借口，我们纳闷地看着他，因为在前几轮面试中不曾见过。

他似乎感到有些尴尬，然后就主动开口自我介绍，他也是来面试的，由于过于粗心，忘记带笔了，向我们借支笔来填写个人简历表。

我们面面相觑，本来竞争就够激烈了，这又来一个竞争对手，这不是给我们增加成功难度吗？于是我们支支吾吾，没有人出声。他稍后见到我的笔袋，立即上前询问："先生，我可以借用一下你的笔吗？"我手足无措地说："嗯，我的笔……坏了！"

这时，我们当中有一个"沉默寡言"的"眼镜"走了过来，"对不起，刚才我的笔也没水了，我掺了自来水，还勉强能写出字来，要不你试试？"

那男子接过笔，感激地握了握"眼镜"的手，我们四个则轮番用各自的白眼瞟了瞟"眼镜"，眼神里充满了埋怨、责怪和抱怨。

一转眼，规定的面试时间已经过去20分钟了，面试官仍然没有出现。于是我们纷纷向人力资源部询问，谁知里面走出一个似曾相识的面孔，他来到"眼镜"面前，微笑着说："结果已经出来了，这位先生被录用了！"然后他转身向我们解释道："本来你们能过五关斩六将通过复试，已经很不容易了，我们作为一家知名大企业不愿意失去任何一个人才，但是你们的私心使你们失去了机会啊！"

点评：

公司招聘不仅看重人才的专业能力，更看重人品和职业道德。

任务一　酒店日常沟通的语言与非语言技巧

酒店服务沟通体现为大量的对客沟通和酒店内部的人员沟通，在某种程度上也可以说酒店服务沟通就是一种人际关系沟通。在服务过程中，服务人员可以充分运用各种语言和非语言的表达技巧，使服务程序、服务动作、服务语言和服务心理有机地融为一体，发挥情感优势。因此，酒店服务沟通是一门艺术。

8.1.1 日常沟通的注意事项

（1）注意沟通时的表情。在所有的非语言沟通中，表情最重要，使用最频繁，表现力最强。试想一下，如果每天与顾客沟通时，一脸生硬而僵化的表情，会让顾客感受到服务的真诚吗？面带微笑，表情生动，定会增加顾客对我们的亲切感。因此，在与顾客沟通时，一定要注意自己的表情，不能把自己的不良心情带到服务中去，要用轻松而愉悦的表情，拉近与客人之间的距离。

（2）注意沟通时的眼神。俗话说，眼睛是心灵的窗户，一个人的眼神能反映一个人的内心。因此，在与顾客沟通时，不但要学会从顾客的眼神中来了解他们的内心，也要学会利用自己的眼神来表达自己的情意。一方面，与顾客沟通时，要注意看着对方的眼睛，用眼神来与顾客进行交流，显示出对他们的尊重。另一方面，眼神又要用得恰到好处，既不能死盯着对方，又不能让人感觉到不自在，或者使人觉得你别有用心。

（3）注意沟通时的手势。手势也是一种十分重要的身体语言，手势的运用可以起到加强语气、辅助表达的作用。如果在与顾客沟通中，能将手势运用得巧妙到位，一定能帮助提高沟通的效率和水平。相反，如果运用得不好，会给沟通带来阻力。因此，在与顾客沟通时一定要注意自己的手势，不可用一些不礼貌的手势来与顾客沟通。比如不能用食指指着对方说话；在与顾客沟通时，手不要乱动乱摸，更不可乱指乱比画。

（4）恰当运用沉默。有时保持一定的沉默是对顾客的尊重和理解，是一种沟通的好方式。例如，在顾客倾诉他们的建议、意见和心声时，如果我们能学会沉默，用恰到好处的沉默语言来聆听顾客的倾诉，这会增加顾客对我们的信任度。当然，沉默在不同的情况下有不同的意义和不同的作用，这就需要学会把握情景，做到该沉默时就沉默，不该沉默时一定不要沉默；否则，顾客会以为沉默是对他们的抗议。

（5）学会使用语言转化沟通。很多时候，同样的意思用不同的语言、不同的表情和动作表达，效果完全不一样。做酒店服务，一定要掌握并好好运用这一点，会起到事半功倍的效果。以下是具体实例：

①反话正说。

情景一：

A：对不起，先生，餐厅不能吸烟。

B：先生您好，您可以到洗手间吸烟吗？

情景二：

A：对不起，您的菜还没做好。

B：请稍等，您的菜马上就上桌，我马上去催。

情景三：

A：如果您有什么地方没有听清楚，我可以再说一遍。

B：如果我有什么地方没有说清楚，我可以再说一遍。

②用行动沟通。

情景一：

A：服务员直接把一杯茶递给顾客。

B：服务员把同样一杯茶放在托盘里送给顾客。

情景二：

A：服务员一边继续收拾自己的东西，一边回答顾客的问话。

B：服务员放下了自己手里正在收拾的东西，回答顾客的问话。

情景三：

A：服务员对她面前的那位顾客说"早上好"的时候，眼皮都不抬一下。

B：服务员对她面前的那位顾客说"早上好"，同时抬起头露出微笑，注视着顾客的眼睛点头示意。

③用"我会……"表达服务意愿。

情景一：

不要说："我尽可能向老板询问你的事情。"

应该说："我会给我们老板打电话询问，我将在 12 点以前给您回电话。"

情景二：

不要说："我尽可能把你的情况反映给我们老板，他能回答你的问题。"

应该说："我会把您的问题反映给老板，请他下午 4 点给您回电话。"

情景三：

不要说"没看到我们多忙吗？你先等一下。"

应该说："不好意思，我会马上处理完手头的事情，为您解答问题，请稍候。"

8.1.2 日常沟通的原则

在工作中无论你采取何种方式接近顾客，一定要坚持以下原则：

（1）互动的原则。多注意顾客的表情和反应，要给顾客说话和提问的机会，切忌一股脑地介绍，你必须知道，接近顾客并不是要展示你的口才，而是要与顾客"搭腔"，让顾客说话，了解他真正的想法，才能做出他喜欢的事情。不能唱"独角戏"，对客沟通就是与顾客沟通思想的过程，这种沟通是双向的。我们自己说话的同时要引导顾客多说话，通过顾客的话，我们可以了解顾客对你所介绍的东西是不是喜欢。双向沟通是了解顾客有效的工具，不要一个人在那里滔滔不绝、口若悬河，全然不顾顾客的反应。提问要谨慎，不能问一些顾客不方便回答的问题或是过于复杂的问题。

（2）保持社交距离的原则。接近顾客要从顾客正面或侧面走近顾客，不能从后面走近顾客，另外还要保持恰当的距离，不宜过近也不宜过远，正确的距离是两臂左右，这也是我们通常所说的社交距离。

（3）协商原则。在与顾客交谈时不要命令。微笑要展露一点，态度要和蔼一点，说话要轻声一点，语气要柔和一点，要采取征询、协商或者请教的口气与顾客交流，切不可用命令的口吻与人交谈。永远要知道顾客是你的"上级"，你怎么能对上级下命令呢？

（4）不要争辩原则。在与顾客沟通时不要争辩。要记住，我们是与顾客沟通，不是参加辩论会，与顾客争辩解决不了任何问题，只会招致反感。因此我们要理解顾客对我们有不同的认识和见解，让顾客发表不同的意见。

任务二 员工招聘与面试

酒店员工的招聘是一项招徕申请人并从中选择合适人员的艺术。员工招聘与选择一般包括六个步骤：发布信息、初步面谈、审核材料、正式面试、复查与体检、录用。在整个招聘过程中，面试是最重要的环节，因为面试是一个互动联系的双向沟通渠道，提供了一次双方相互沟通了解的机会，可以使招聘者直观了解和直接判断应聘者，可以评价应聘者是否适合应聘岗位和其所具有的潜在能力。

8.2.1 面试前的准备

在求职者接到面试通知时，首先要对面试进行相关的准备，这里既包括专业知识方面的，也包括心理方面的准备。主要内容有：

（1）要以一颗平常心正确对待面试，要做好承受挫折的心理准备。即使面试一时失利，也不要以一次失败论英雄。

（2）对招聘单位和自己要有一个客观的了解和正确的评价，相信自己完全能胜任此项工作。"有信心不一定赢，没信心一定输。"

（3）适当提高服装档次，穿得整洁大方，以改变自身形象，增强自信心。

（4）进场前做几次深呼吸，心情肯定会平静得多，勇气也会倍增。

（5）与主考官见面时，要主动与对方进行亲切有神的目光交流，消除紧张情绪。在心里尽量建立起与招聘者平等的关系。如果心里害怕，有被对方的气势压倒的感觉时，就鼓起勇气与对方进行目光交流，待紧张情绪消除后，再表述自己的求职主张。

（6）当出现紧张的局面时，不妨自嘲一下，说出自己的感受，可使自己变得轻松些。

（7）感到压力大时，不妨借助间隙去发现招聘者的诸如服饰、言语、体态方面的缺点，借以提高自己的心理优势，这样就会在自觉或不自觉间提升自信，回答问题时也就自如多了。

8.2.2 面试沟通原则

面试不仅是一场你问我答的简单交流，其中还涉及沟通的细节问题，要求我们在应聘时坚持三个沟通法则。

（1）80/20 黄金法则。指的是在面试过程中，求职者要承担起 80% 的谈话，而面试官只会说 20%。面试是面试官对你进行全方位考查，也是你表现自己的大好机会，如果你让面试官说得多，那他如何对你进行综合的了解和判断呢？虽然不排除有些面试官话特别多，但对于有专业水准且面试目的明确的面试官来说，让你多说才是他的职责。所以在面试过程中，求职者一定要避免出现那种说话简短、缺乏逻辑性、内容混乱、上句不接下句的情况，否则由于面试官说得比较多，自己却说不出太多东西来，面试很容易进入尬聊的境地。

（2）学会控制谈话的节奏和话题。面试是一种很微妙的人际沟通，两个陌生人在对对方不太了解的情况下要开展一场谈话，本身就是一件非常有挑战的事情，对于掌握了沟通技巧以及会聊天的人来说，一场面试就如同一次目的明确且轻松愉快的聊天，但对于没有掌握到这些技巧的人来说，便觉得面试很难了。所以，在面试过程中，你一句我一句，问什么答什么的来往交流并不算是优秀的表现。如果你能在沟通的过程中，有意识地将谈话的节奏掌握在自己手里，比如通过观察面试环境、面试前了解到的公司情况、面试官身上一个细微之处主动引出一个话题，大家进行开放式的沟通，那就再好不过了。这就是我们常说的互动感。面试官每天要面试那么多人，他们也不希望面试是一种过于程序化的交流，如果在这个过程中，你能表现出自己的一些"有趣""有心""主动性"，那对于面试的结果来说，会大有帮助。

（3）对于没有把握的问题，巧用迂回战术。面试官常问一些场景性问题，比如："在工作中，你与同事发生了意见分歧，你如何处理？"由于很多同学没有实际工作经验，在被问及这类问题时，很容易就卡壳了。其实你可以尝试着将问题抛回去，"由于阅历尚浅，这个问题也是我所困惑的。我既不想做没有原则的老好人，也不愿意将自己的意志强加到别人身上，毕竟大家都是朝夕相处的同事。我曾经遇到过一件类似的事情，大概经过是这样的……您能否给我一些指导，您觉得我当时这样处理正确吗？"其实这样的问题不会有标准答案，面试官一是考查你的反应能力，二是考查你的潜在个性，怎样的回答都不置可否，但完全答不出就肯定不行，而且适当地"示弱"，还会显得你谦虚，也让面试官有了言传身教的机会。

8.2.3 面试沟通的语言技巧

在面试时，求职者不仅要克服心理障碍，大胆地表达自己的观点和想法，显示自身的优势，同时在语言表达中要注意说话细节，注意语音、语调和词语表达。其要求有以下几点：

（1）面试说话简明扼要，适可而止。优秀的面试者，往往能抓住面试官最想知道的信息，有针对性地进行阐述，并留意到说话的简明扼要，表现出较强的逻辑性思维，也令面试官欣赏。然而也有部分面试者，热情过度，没完没了地说着自己的经历，自吹自擂，以我为主。等到面试官做进一步提问时，又环顾左右而言他，明显地让人困惑其真实性，这种面试说话的沟通，不亚于搬起石头砸自己的脚。

（2）不要滥用时尚语。面试滥用时尚语多发生在年轻人的身上，虽然追求时尚不是坏事，然而把追求来的时尚语，没有恰到好处地用对地方，就会出现随意、任性的感官效果。有人面试时喜欢在中文中掺杂着一两句"洋文"，也许这在网络沟通时再正常不过，然而面对严肃的面试场合，这一两个英文单词，并不能说明你的时尚前卫是优点，也不能让准考官肯定你的英文水平，弄不好面试官还会接着用英文考验你，不知道你是不是能够安然地对答如流呢？

（3）大胆的表达。面试不是饭桌上吃饭，为了健康提倡"食而不语"。在面试中，这种沉默是金的立场可是万万要不得的。面试是用人单位对求职者能力的考验，木讷、缓慢甚至不言，如何能让用人单位相信你会是一个称职的员工？所以在面试中一定要大胆地表达自己的想法，用灵活的头脑、镇静的心态，做到说话流畅而自信，不要让面试出现冷场。

（4）乱抱怨要不得。很多人一见到了面试官，就变成了凄苦悲凉的祥林嫂，一味地乱倒苦水，这样的求职者是为了博取用人单位的同情吗？殊不知这样做会暴露自身的缺陷。作为一名称职的面试官，是不会滥用同情心而替公司招一名不称职的员工的，同时这种任意滥用苦情的求职者，在某种程度上也会令面试官反感。

8.2.4 面试注意事项

应聘过程中，除了形象、礼仪做到位，最重要的是双方沟通过程中的应对、语言表达，除了上述原则和技巧外，还要注意以下问题：

（1）千万不要不懂装懂。有一些专业性非常强的问题，而你确定不懂。此时你就要坦然承认，千万不要说"我想想""我觉得""我认为"这些字眼，你再怎么解释，不懂就是不懂。如果没有正确答案，在面试官那里反而会留下一个不懂装懂的坏印象，非常有可能会影响此次面试。但是也不排除面试官会特意用非常专业性的问题发问，来测试你这个人的诚实度。如果你坦然地承认了自己的不懂，反而有可能让面试官认为你是诚实的人，也有可能会被这家公司录用。

（2）说话要注意逻辑性。有时候面试官的问题是广义的，不一定会有标准答案，但一定会让你认真思考。例如，有考官抛出一个问题："能不能告诉我你在面对困难时会怎么办？"而应试者往往会给出一些含糊或者敷衍的话，如"我会自己想办法解决""不懂我可以问百度"之类的敷衍了事的话。而面试者想要听到的是你在具体工作中会采取哪种方式面对困难。比如遇见自身能力不足的问题，要努力提高自己的职业技能，或者请教公司的老员工。你认真作答的态度是这个问题的关键，切记不要敷衍了事。

（3）保持稳定的情绪。在面对面试官的问题时，有些人能够很好地发挥出自己的特点，做到有问必答、深入浅出。可是也有一些人，平时说话或者生活时都是那种情绪波动大的，在面试的时候如果跟面试官也一惊一乍，突然拔高自己的声调，脸红脖子粗地去进行争辩。此时面试官对你的印象已经是极坏的，他还会认为你的情绪管理能力达不到要求，你入职以后面对客户或者是同事时也会产生交流障碍。所以，奉劝所有应聘者都要加强自己的情绪管理能力，做到心平气和地面试，没必要产生一种执念。

任务三　会见与交谈

会见是两个或两个以上的个体之间的碰面，本质上说它是社会性的，而且有一定的目的性。会见中个体间的互动是复杂的，同时也反映了参加会见的个体在其中的角色。会见之后就是双方或多方的交谈，交谈是一种表达，既表达着自己的思想、观点、意见或建议，又在表达着自己的情感、心理和思绪。

8.3.1 准备工作

会见是一项正式的社交活动，要求参加者要认真地完成准备工作，才能是一个有效的会见。会见前双方都要明确以下几个问题：

①明确会见的目的；

②确定需要从对方收集的信息；

③准备相应的资料，解答对方可能提出的问题；

④确定会见的时间与环境；

⑤安排会见的基本程序。

会见准备清单如表 8-1 所示。

表 8-1　会见准备清单

准备要素	准备问题
Why	1. 会见的主要类型是什么？ 2. 会见希望达到什么目的？ 3. 寻求和传递什么信息？ 4. 解决问题的性质是什么？
Who	1. 对方的弱点和可能的反映是什么？ 2. 对方的实力如何？
When/Where	1. 会见的具体时间是什么？ 2. 会见可能被打断吗？ 3. 会见的地点在哪里？ 4. 会见前会发生什么？ 5. 自身所处的地位。 6. 了解相关谈论话题的最新进展。
How	1. 如何实现目标？ 2. 着装、礼仪准备。 3. 怎样开始话题？ 4. 具体沟通方式。
What	确定主题和问题，预设结果。

8.3.2 会见与交谈

会见是双方的一种信息交流，是双方面对面进行沟通的直接方式。会见是一门非常丰富的学问，包括了为人处世的道理、人际交往的能力、交流表达的艺术和社交礼仪的规范等。

（1）介绍。

　　会见时，一般都会相互介绍，尤其对于互不熟悉的会见者，介绍就显得更为重要。在较为正式、庄重的场合，有两条通行的介绍规则：一是把年轻人介绍给年长者；二是把男性介绍给女士。在介绍时最好是姓名并提，还可附加简短的说明，如职务、职称、学位、爱好特长等，这种介绍方式等于给双方提示了开始交谈的话题。当然，如果双方还有些共同点，那就再好不过了，这样无疑会使初始的交谈更加顺利。

　　有时，在某些场合需要进行自我介绍。自我介绍要简洁、清晰、自信，态度自然、亲切、随和，语速不快不慢，目光正视对方。

　　在会见时要注意尽量记住对方的名字和称呼，注意观察对方的特征，熟悉对方的说话方式和沟通特点，以便接下来有针对性地进行交谈。

　　（2）交谈。

　　交谈最重要的是双方的陈述和讨论。在陈述过程中，要切中要领，具体来说，有以下注意事项：

　　①以攸关对方的言辞叙述自己的问题；

　　②清楚地说明自己的立场，并倡议进行讨论；

　　③清楚地说明自己的所想所求、所希望或从对方获得的期待；

　　④切勿发牢骚、吐苦水或推卸责任；

　　⑤切勿发表无凭无据或极端的评论；

　　⑥尽量叙述事实所造成的影响；

　　⑦陈述时语音不要过大或过于软弱；

　　⑧保持自信，切勿说自贬或泄气的话。

　　在双方讨论过程中，你来我往，要注意：

　　①专心聆听对方的看法和观点，特别是在其出现排斥或情绪化的反应时；

　　②切勿对对方的意图采取负面假设；

　　③以中性字眼来叙述问题，不要抱怨和责难；

　　④保持开阔的心胸，认真听取对方的建议；

　　⑤发觉自己产生不良情绪时，尽量控制并不要溢于言表；

　　⑥积极询问对方的想法；

　　⑦向对方表明自己的观点、经验或意愿。

　　交谈时表情要自然，语言要和气、亲切，表达要得体。说话时可适当做些手势，但动作不要过大，更不要手舞足蹈。谈话时切忌唾沫四溅，别人在谈话时不能任意打断。参加别人谈话时要先打招呼，当他人在私下交谈时不要擅自旁听。如有事需与某人交谈，应等别人说完。第三者参与谈话，应以握手、点头或微笑以示欢迎。交谈中如果有急事需要离开，应向谈话方打招呼，表示歉意。

交谈的内容一般不要涉及隐私、疾病、死亡等事情，不要谈一些荒诞离奇、耸人听闻、黄色淫秽的事情。一般不谈论女士的年龄、婚否，不直接询问工资、收入、家庭财产、服饰价格等私人问题，更不能谈论某人的体型、穿着和宗教习俗、国家内政等。一旦谈话内容涉及此类，应立即转移话题或表示歉意。

交谈中要使用礼貌用语，如欢迎语、问候语、感谢语、致歉语和告辞语等，还要注意各种非语言表达的技巧。交谈时要控制自己的语音、语调和语速，使自己的谈话能够清晰地被对方听到，并能正确理解含义。我们也可以从对方的语音、语调和语速中来判断对方交谈的动机和心理。

此外，交谈双方还要注意体态语的运用，如眼神、手势、动作等动态肢体语言以及服饰、发型、社交距离等静态非语言表达，都是交谈双方的心理暗示和精神面貌的重要依据。

8.3.3 告辞

人际交往活动结束后，应立即告辞，一般需要交谈双方起身对对方说"再见""麻烦您了""下次再聊"等语言即可。若对方出门相送，应委婉表示谢意说"请留步"，并顺手轻轻带上房门。若你送对方，应起身并说"慢走"等，并且送对方至一定的距离。

任务四　接听、拨打电话

现代社会，各种高科技手段拉近了人们之间的距离，在日常沟通活动中，使用最为广泛的就是电话，特别是在手机日益普及的今天，手机已经成为人们日常不离手的通信工具。电话使人们的联系更为方便、快捷，但电话沟通也有自身的缺陷。接打电话是不见面的交际，直接影响个人形象和组织形象，所以我们需要良好的电话沟通技巧。

8.4.1 接打电话中常见的问题分析

表 8-2 中所列出的是在接打电话过程中出现的一些不良行为，可以据此来对平时的表现进行打分。

表 8-2　接打电话的不良表现

问题情境	不良行为
接听电话时	1. 电话铃响得令人不厌烦了才拿起听筒。 2. 对着话筒大声地说："喂，找谁啊？" 3. 一边接电话一边嚼口香糖。 4. 一边和同事说笑一边接电话。 5. 遇到需要记录某些数据时，总是在手忙脚乱地找纸、笔。
拨打电话时	1. 抓起话筒却不知从何说起。 2. 使用"超级简略语"，对方不知所措。 3. 挂完电话才想起还有重要的事情没有说。 4. 抓起电话粗暴地说："喂，找一下……"
转达电话时	1. 抓起话筒向着整个办公室吆喝："小王，你的电话！" 2. 态度冷淡地说："不在！"然后顺手挂断电话。 3. 让对方稍等，就没有下文了。 4. 答应替对方转达某事却未告知对方你的姓名。
遇到突发事件时	1. 对对方说："这事儿不归我管！"就挂断电话。 2. 接到客户索赔电话，态度冷淡或千方百计地辩解。 3. 接到打错了的电话很不高兴地说："打错了"，然后粗暴地挂断电话。 4. 电话受噪声干扰时，大声地说："喂，喂，喂……"，然后挂断电话。

8.4.2 接打电话的沟通技巧

为了提高通话效率，正确表达思想，接打电话时应掌握以下技巧：

（1）固定电话机旁应备有记事本和笔。

（2）电话铃响两次后，取下听筒。

（3）自报姓名和部门。

（4）先整理谈话内容，再拨打电话。

（5）接打电话时注意态度友好、语速声音适中、语调平稳。

（6）与客人沟通时不要使用内部用语、专业术语和简略语。

（7）养成复述习惯。

（8）等客人先挂电话，并轻轻挂断电话。

8.4.3 应对特殊事件的技巧

（1）听不清：应礼貌地请对方再说一遍，注意语气。

（2）打错电话：热情地帮助对方找到正确的电话号码或是询问对方的需要。

（3）自己不了解情况：善意地说明自己不了解，并尽可能地提供帮助。

（4）领导亲友来电：及时进行转达或帮助解决。

（5）投诉电话：了解事情过程，提出解决办法，要尽量到现场解决问题。如自身没有能力处理，则应向客人解释说明，并向领导汇报情况。

8.4.4 酒店服务和营销人员在与客户打电话沟通和预约时的注意事项

（1）在客人接起电话后应使用敬语"××"先生（女士），或者用职务来称呼。

（2）如果客人接电话时正在忙，可致歉并询问客人方便时间再致电。

（3）与客人通话期间简明扼要地讲明事项，切记不可啰唆、唠叨。

（4）对客人的预约要重复确认并做记录，如有变化应及时通知客人。

（5）与客人预约见面时间、地点，尽量到其单位或者酒店以表诚意。

（6）到达约定地点要比约定时间早到，切记不可让客人等候。

（7）每次电话沟通时间应控制在 3 ~ 5 分钟，不可时间过长，以免客人厌烦。

任务五　演讲

演讲，是一个人在公共场合向众多人就某问题发表意见或阐明事理的传播活动，其基本模式为一人讲、众人听。演讲是以讲为主、以演为辅、讲演结合的信息传播形式。从本质上来说，演讲就是艺术化地发表意见或阐明事理。演讲具有艺术性、针对性和鼓动性，并具有极强的个人色彩和时效性。

酒店各级管理人员常常要代表酒店在招待会、展览会、欢迎会、联谊会、宴会等致辞。这些欢迎词、开幕词、贺词、祝酒词等都可以看作小篇幅的演讲，可以传递酒店信息、塑造酒店形象。演讲要想获得听众的认同，需要了解听众的构成、心理特征、意愿要求等，特别需要演讲者具有较强的表达能力和表达技巧。

8.5.1 演讲前的准备

常见的演讲表达形式有脱稿演讲、照稿宣讲、按提纲讲、即兴演讲等。无论哪种形式的演讲，深刻的主题、动人的材料、精巧的结构都需要用语言表现出来，语言的表达水平直接影响演讲的质量。具体来说，演讲语言有以下基本要求：

（1）口语化。演讲的语言需要形象化和个性化，同时更需要口语化，即通俗易懂。稿子写完后要念一遍，看看是否上口、顺耳。一段通俗浅显、生动易懂的话，可以拉近

听众与演讲者的距离。要把听众不易听懂的文言词语、方言等换掉，尽量使用清晰明快、言简意赅的词汇，少用生僻词和专业术语，多用举例来说明听众陌生的事物，用具体形象的语言解释抽象的理论。

（2）生动感人。演讲中生动感人的语言，听来让人轻松愉快，可以使听众产生身临其境的感受，最重要的是使演讲者的观点更容易让听众接受。形象化的语言表达，包括运用各种修辞手法；发挥语言的音乐美，即声调的和谐和节奏的变化以及幽默语言的运用。例证、数字的运用也会大大增强演讲的感染力和说服力。

（3）语调语速抑扬顿挫。语调是指演讲时声音高低、轻重的变化。语速主要控制演讲的节奏，这种变化对于表达思想情感来说，具有非常重要的作用。演讲时声音的轻重变化能表达异议，使听众知道你想要强调什么。语调有抑扬变化，可以为演讲增色，也可以使演讲者的声音听起来不过于平淡、呆板。演讲的语速是在感情表达需要的前提下，采取合适的节奏，做到"快有章法，慢有条理"。

8.5.2 演讲的技巧

演讲者在演讲之前，对如何开场、如何结尾、何处为主、怎样铺垫、怎样承接都应精心推敲。这样才能在演讲时思路清晰、顺理成章，才能在限定的时间讲出最多的内容，紧紧抓住听众。安排演讲结构的最有效办法就是拟定演讲提纲。演讲提纲应把整个演讲的几个部分，如开场白、正文和结尾之间的关系有机地连接起来。

（1）开场白要巧妙。开场白是演讲表达过程中的第一个环节，也是非常重要的环节。一个良好的开场白应该达到两个目的：一是迅速和听众建立良好的关系；二是迅速使听众抓住演讲的主题。开场白从内容到形式都要有新意、有特色、有独创性。好的开场白应达到以下几方面的要求：

第一，要吸引听众的注意。可以使用事例、逸文、经历、反诘、引言或幽默等手段达到此目的。

第二，要为听众提供背景知识。演讲时如果听众对演讲的主题不熟悉或知之甚少，那么在开头部分为听众讲述与主题有关的知识背景，它们不仅是理解演讲所必需的，而且还可以体现出主题的重要性。

第三，要为听众阐述演讲结构，让听众了解演讲的中心思想和结构，使演讲更容易理解。

第四，要为听众说明演讲的目的，以避免听众对演讲失去兴趣或产生误解。

第五，要能激发听众的兴趣，使听众一开始就能被吸引。可以采用自己经历的故事、制造悬念或向听众提问等形式，让听众共同思考，这样有助于引导听众进入共同的思维空间。

（2）正文要层次清楚，重点突出。正文是演讲的主要部分，演讲质量的好坏、论题能否令人信服，都取决于正文的阐述。正文在结构安排上离不开提出问题、分析问题和解决问题。安排好正文层次结构，要做到：层次清楚、逻辑紧密、重点突出、内容连贯。还要注意结构不能肆意铺排，不可太复杂。

第一，要合理运用提纲，既要坚持提纲的安排，又不能照本宣科，不仅要讲，还要演。

第二，要控制时间，一般来说，演讲的时间通常控制在 20 分钟左右，最长不能超过 30 分钟，具体时间要根据主题、主客观而定。

第三，要充分展现主题。要保持严谨的思路和清晰的条理，理论与事实相结合，并在演讲过程中制造高潮，时而低沉，时而高亢，能充分表达自己的思想和观点。

（3）结尾要精彩。俗话说，凤头、猪肚、豹尾。精彩的结尾能使听众留下难以忘怀的印象。通常结尾可以采用激情的话语、提出深刻的问题、运用幽默的话语以及步步加深的排比或名人名言等来总结自己的观点，结束演讲。

任务六　谈判

谈判是为达成双方均可接受的局面而采取的行动，对管理者来说，谈判是一项极为重要的活动，无论是制订下一年的工作计划、建立新的组织管理架构，还是控制一项工作任务的进度，人们都会有不同的意见，而管理者必须找到一种有效的方法，使持有不同意见的人们彼此合作，相互沟通，达成共识。谈判就是实现合作与沟通的有效方法之一。

8.6.1 谈判的程序

（1）谈判前的准备。

在正式谈判前，谈判者要做好充分的准备工作。一是要进行相关信息的准备，包括自身信息和对方信息，要对双方的背景、需求以及心理等各方面进行综合衡量；二是制订谈判计划，包括确定谈判目标、确定谈判的基本议程和进度、谈判的物质准备以及各种心理准备。

（2）正式谈判。

在正式谈判过程中，双方从导入阶段开始，进行轻松地介绍、会面和初步交流；接

下来就是双方进行陈述阶段，要求陈述内容明确、语言简练、态度诚恳，同时要求对方认真倾听，重点问题要做记录；之后是明示阶段，双方摆出各自观点和立场，以坦诚的态度，心平气和地进行讨论，以求妥善解决，尽量做到"非原则问题可以让步，原则问题丝毫不让"；然后是交锋阶段，双方会"以我为主，各说各话"，既要提高勇气，坚定信心，又要以科学严谨的态度去分析对方，回答质询；最后是妥协阶段，双方经过激烈的争论后，寻求都可以接受的途径，"有所施，才能有所受"，关键是把握双方的利益所在，对谁先妥协、如何妥协以及妥协的程度要有控制。

（3）谈判结束。

谈判结束之后是协议阶段，双方在求大同、存小异的基础上拟订协议书，并签字生效。

8.6.2 谈判的技巧与策略

谈判作为一种复杂的智力竞争活动，合理的谈判策略和高超的谈判技巧会使谈判局势产生积极的影响，从而掌握谈判的主动权。

（1）陈述、倾听和提问的技巧。

谈判中，双方在有效沟通的基础上，应注重陈述、倾听和提问。

陈述时概念要清晰，尽量使用对方听得懂的语言，尤其是专业术语要解释清楚。陈述语言要简洁，但要抓住重点，不拘泥于细节。陈述时避免使用攻击性的语言，对不同意的问题应明确表态。

善听才能善言。在聆听时态度要认真，要有耐心，对对方表示兴趣，通过聆听判断对方的谈判思路和策略。要与对方进行互动，积极反馈，控制好自己的言行和情绪。当然也可以适当地采取沉默的技巧。要注意做到"多听少讲"。

提问要围绕中心，所提问题要有逻辑性，用不同的方法和不同的问题来进行提问，并注意选择适当时机。此外，适时地插话也很重要，既可以表达自己的观点，又可以适当地将对方的注意力引导到我方的思路上，使谈判更加有利于自己。

（2）情感沟通的技巧。

在谈判中可以利用感情的因素去影响对手。通常情况下，人们更愿意与自己比较了解信任、有好感的人做生意。当双方已经相互了解，并建立了一定程度的信任关系时，就能够减少戒备心理，从而提高合作的可能性。

情感沟通的技巧很多，例如可以利用闲暇时间，主动与对手一起聊天、娱乐、吃饭、健身等，谈论对方感兴趣的话题，提供食宿交通的便利，帮助解决一些私人问题以及馈赠小礼品等方式，增进感情，加强联系，建立友谊，从侧面促进谈判的顺利进行。

（3）进攻策略。

如果谈判双方一方优势明显，那么谈判时可以采用持久战、高压战以及限时战等技巧。当一方实力雄厚，掌握谈判主动权时，可以采取针锋相对、最后通牒、后台依赖、攻心为上、大摆鸿门宴等策略，以自身优势来强迫对方就范，当然也是在对方能接受的范围之内，双方达成共识。

（4）防御策略。

对于在谈判过程中处于弱势地位的，并不是无计可施，可以采用防御策略应对强势对手。无论是政界还是商界都有很多以弱胜强的成功案例。其中防御策略主要有拖延战、疲劳战、恻隐术、挡箭牌、调和战等策略，向对方示弱，使对方产生同情、不屑、轻敌等心理，从而获得谈判的主动权。

8.6.3 谈判的禁忌

在谈判过程中，出于基本的礼貌规范和谈判要求，为了维护双方各自的利益，在言谈举止等方面应极力避免以下情况的出现，当然除了作为战术而有意为之除外：

（1）举止不文雅，谈判中抓耳挠腮、东张西望。

（2）在交谈过程中一直看腕表。

（3）只顾自己说，不注意聆听。

（4）在客人叙述时打断客人的话（不包括适时确认）。

（5）对自己的产品不了解、不清楚。

（6）对做不到的事情用"不行""不可以"来回答。

（7）把内部的矛盾和不协调表现在客人面前。

（8）切勿在客人面前透漏其他客人资料。

 【项目总结】

对于酒店的管理者和服务人员来说，具备一定的沟通技巧在日常工作中是非常必要的，也是职业素养和专业水平的评判标准之一。在某种程度上来说，一个善于说话并掌握一定技巧的管理者和服务人员一定是一个成功的管理者和优秀的员工。而日常的会面与交谈、演讲、谈判等是酒店沟通的最重要内容。

【项目练习】

　　1. 思考练习题

　　（1）全面总结在酒店日常沟通中如何体现和谐、美好、理解、互利共赢、友好往来的价值观和精神理念。

　　（2）请各小组分别模拟一次会面交谈和谈判的活动。

　　（3）请各小组分别找出中外历史上有名的一次演讲活动，并进行分析。

　　2. 案例分析

关心对方的利益

　　美国演讲大王戴尔·卡耐基曾经有过这样一次谈判。有一段时间，他每个季度都有10天要租用纽约一家酒店的舞厅举办系列讲座。后来在某个季度开始时，他突然接到这家酒店的一封信，要求提高租金到原来的2倍。当时举办系列讲座的门票已经印好了，并且已经发出通知了，卡耐基当然不愿意支付提高的那部分租金。

　　几天后，他去见酒店经理，他说："收到你的通知后，我有些震惊。但是，我一点儿也不埋怨你们。如果我处在你们的位置上，可能也会写一封类似的通知。作为一个酒店经理，你的责任是尽可能多地为酒店谋取利益。如果不这样，你就可能被解雇。如果你提高租金，那么让我们拿一张纸写下将给你带来的好处和坏处。"接着，他在纸中画了一条线，左边写"利"，右边写"弊"，在"利"下写了"舞厅，供租用"，然后说："如果，舞厅空置，那么可以出租舞厅供会议使用，这是非常有利的，因为这些活动给你带来的利润远比举办系列讲座的收入多。如果我在一个季度中连续20个晚上占用你的舞厅，这意味着你失去一些非常有利可图的生意。"

　　"现在让我们考虑一下'弊'。首先你并不能从我这里获得更多的收入，只会获得更少的收入，实际上你是在取消这笔收入，因为我付不起你要的价，所以我只能在其他地方办讲座。"

　　"其次，对你来说，还有一弊。这个讲座能吸引很多有知识、有文化的人来你的酒店，这对你来说是个很好的广告，是不是？实际上你花5000美元在报纸上登个广告也吸引不了比我讲座更多的人来你的酒店，这对于酒店来说是很有价值的。"

　　卡耐基把两项"弊"写下来，然后交给经理说："我希望你能仔细考虑，权衡一下利弊，然后告诉我你的决定。"

　　第二天卡耐基收到一封信，通知他租金只提高到原来的1.5倍，而不是原来的2倍。

点评：

卡耐基一句话也没提自己的要求和利益，而始终在谈对方的利益以及怎样实现才对对方更加有利，但却成功地达到了自己的目的。关心对方的利益，站在对方的角度设身处地地为对方着想，指出其利益所在，对方会欣然与你合作。

项目九

酒店人际关系沟通技巧

【思政目标】

本项目旨在帮助学生在酒店工作中、人际交往中、社会生活中践行"谦敬礼让、帮扶互助；志同道合、携手奋进；珍惜资源、关爱自然"的社会主义友善价值观。

【项目目标】

本项目要求学生了解酒店管理者和员工在各自的工作领域中如何与人打交道，学会如何处理自身工作范围内的人际关系。这种人际关系不仅能够影响个人的工作环境和工作积极性，而且还会对企业内部的工作效率和企业文化产生一定的影响。

【项目任务】

1. 熟练地运用各项上下级沟通的技巧，达到人际关系的和谐。
2. 掌握与领导的相处之道，提高为人处世的能力。

【案例分析】

一次经理之间的谈话

某酒店财务部的一位老会计师退休后，酒店短时间内无法找到合适的人选来填补空白，所以财务部到月底不能按时将财务报告呈送总经理。有一天，总经理来到财务部经理的办公室。总经理推门进去，对着财务部张经理气势汹汹地进行指责。

总经理：张经理，你怎么搞的，近几个月的财务报表每次都不能按时交，太不像话了，你一定要改变这种状况。

张经理：唉，一天就 8 小时啊！你总不能每天都要我加班加点。自老王退休后，你硬把他的工作加在我的身上。我实在吃不消，需要再聘请一位会计师。

总经理：你说得不错，但是我们目前找不到合适的会计师，所以你必须加倍努力工作。啧啧，瞧你的写字台，乱七八糟！从这一点就可以看出你不会很好地安排工作。我那儿有本书，就专门针对你这种人写的，你等会儿到我的办公室拿来看看。

张经理：我哪儿还有时间看书啊？白天就够忙的了，难道晚上不睡觉去看书？

点评：

在这段谈话中，领导者用攻击的态度对被领导者进行批评，而这种批评又只是从领导者的角度在考虑问题。在谈话过程中，领导者又用讽刺性的语气对被领导者的写字台凌乱状态做了评论，因此引起被领导者用敌对的态度进行反击，言语中充满了嘲弄和自卫。显然这场谈话解决不了任何问题。

任务一　与上级沟通

面对上级，唯命是从、唯唯诺诺并不是最佳表现，借助沟通、展现个性、凸显才能，方能游刃有余、平步青云。

上下级之间的关系，如同相互摩擦而又相互促进的链条，只有以沟通作润滑剂，并经常为这根链条润滑，才能相互理解、相互促进，减少摩擦，提高团队工作效率。否则，如果缺少必要的沟通，那么上下级之间就会出现问题，特别是当彼此出现隔阂时，问题就很难解决，矛盾会进一步恶化从而严重影响正常工作。因此我们应该积极主动地与上级沟通，既有利于工作的进展，又能得到领导赏识，个人前途将会有良好的发展。

9.1.1 向上级请示汇报的程序

人人都有自己的领导，也都会向领导请示汇报工作。无论在私人场合如何评价领导，但在工作场合一定要积极地向领导请示汇报。一般来说，请示汇报有如下程序：

（1）仔细聆听领导的命令。当领导布置了一项工作任务时，作为下级一定要用最简洁有效的方式明白领导的意图和工作重点，弄清楚该命令的时间、地点、执行者、工作目的、工作任务以及工作流程和工作量，并向领导复述一遍看是否有遗漏或没有领会明白的地方，并请领导加以确认。然后才能进入下一步工作。

（2）与领导探讨目标的可行性。作为下级，在接受命令之后，应积极开动脑筋，对即将负责的工作有一个初步的计划，并和领导简单沟通工作方案，对可能出现的困难要有充分的认识。如有需要领导协调解决的问题，可一并向领导提出。

（3）制订详细的工作计划。在明确目标和可行性方案讨论之后，下级应尽快制订一份详细的工作计划，并请上级审阅和督促完成。

（4）在工作中及时与领导保持沟通。在接下来的工作开展过程中，无论是工作进展还是各项细节，都应及时向上级汇报，让领导随时都能了解工作进度，掌握工作实际情况。一旦出现各种意外和自身无法解决的问题，要及时向上级请示，并请领导出面协调解决。

（5）在工作完成后及时向上级总结汇报。当工作结束后，不能忙于欢庆祝贺，而是要先向上级汇报总结，表示要继续努力，同时感谢上级的支持与帮助。

9.1.2 向上级请示汇报的态度

（1）尊重而不吹捧。作为下级，一定要尊重领导，维护领导的权威，支持领导的工作，并勇于承担责任，帮助领导解决问题。

（2）请示而不依赖。下级在工作时要大胆负责，创造性地工作，该请示汇报的要及时说，但也不能遇事没有主见，事事请示、大小事都不做主，要让上级认为你有能力、办事得力，绝不要依赖、等待。

（3）主动而不越权。对工作要积极主动，敢于直言，善于提出自己的建议。作为下级不能谨小慎微、毫无担当，但也不能自恃高明、擅作主张、越级越权。

9.1.3 与上级沟通的技巧

与上级间的沟通并不是一件轻易的事。一方面是人际关系，另一方面是工作关系。很少有员工会主动找上级沟通，即使有，也很少有人会讲真话、心里话。因为我们历来受的教育都是告诉我们要谦虚谨慎，不要强出头。长期以来，我们已经习惯于"既不反对，也不赞成""既不讨好，也不得罪"。这种等级观念、潜在自我保护意识，往往导致上下极之间的误会、隔阂和不理解越来越深。因此，作为下属要注意自己的言行，掌握一些与上级沟通的技巧：

（1）要克服惧怕领导的心理。与领导沟通时，下属首先要做的就是去掉一个"怕"字，即克服惧怕领导的心理，主动大胆地寻求与领导的认真交流，征求领导的意见。即使领导批评了自己，也不要认为天就塌下来了，要积极地向领导寻求帮助，寻求办法，能得到领导的帮助和指点，无疑对克服自己在工作上的缺点和不足有重要意义。这样有胆量的沟通能及时消除领导对自己的误解，了解领导的真实意图，能更好地指导自己下一步的工作。

（2）要多出选择题，少出问答题。一个善于思考、做事负责的下属，是不会一天到晚请示领导的。所以我们应该带着答案、预备好对策走进领导的办公室。也就是说，你和领导沟通的时候，应当尽可能多出选择题，而不出问答题，并且是尽可能出多选题，而非单选题。因为假如你只带了一个答案，就表示除了这个没有更好的办法。另外还要注意，在给选择题的时候，应当罗列每种方案或办法的优缺点以及可能的后果，以提醒你的领导在决策时应该考虑的因素。

（3）要主动地、及时地反馈。任何已经安排下来的事项，当领导主动去提醒或追问的时候，就属于下属工作失败的表现。作为一个职场人，一件事交给你去做，如何做的，进展到什么程度，有没有做好，收到了什么实效，这些问题永远都不要等到领导问时才回答。假如能够不让领导像秘书一样不断地提醒你，假如能够让他省心、放心，那他对你就会越来越认可，几次下来以后，事情交代给你，他也就非常放心了。

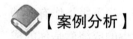 **【案例分析】**

小琴和她的上司们

小琴在一家公司做财务，自从上班第一天起，就像老黄牛一样踏踏实实地工作，工作能力也很强，因此深受老板和同事们的欢迎。但她一直处在那个位子上，没有获得提升的机会，原因是她不善于主动与老板商量事情，许多事都等着老板亲自来找她。后来由于工作上的竞争，她被同事"踩"在脚底下。

小琴吸取了失败的教训，积极总结经验，又以全新的面貌到另一家公司上班。一个

月后，她接到一份传真，上面说她花了两个星期争取到的一笔业务出现了问题。如果在以前，她会等老板来找她，她再向老板汇报，但现在她马上就去找老板。老板正准备打电话同这位客户谈生意，她就在此之前将情况向老板汇报，并提出具体的解决意见和建议。老板掌握了这些情况后，及时调整思路，与客户交谈时顺利地解决了出现的问题。

此后，小琴常常主动向老板汇报工作上的情况，及时地进行讨论解决。除了这些，还在销售和管理方面提出一些不错的方案，得到老板的认同。不久，她就被提拔为业务主管。

任务二　与下级沟通

作为一名领导，除了要做好分管的业务工作，还要关注怎样处理好与下属之间的关系。能否建立一个关系融洽、积极进取的工作团队，很大程度上取决于领导是否善于与下级进行沟通，取决于是否善于运用沟通技巧。

9.2.1 与下级沟通的技巧

（1）平等待人。上级与下属在人格上是平等的，职位的不同不等于人格上的贵贱。有句话说得很好：伟大来源于对待小人物上。尊重你的下级，实际上获得的是别人对你的尊敬，你会获得不断增进的威望。"滴水之恩当涌泉相报""士为知己者死""礼贤下士"等，说的就是这个意思。

（2）多激励少斥责。每个人心中都渴望别人的"赞美"。身为领导者，应适时地给予下级鼓励、认可，当下级没有完成预定的工作目标时，不要直言斥责，要同下级一起分析原因，找出改进的方法和措施，并鼓励他下次一定会做得更好。当下级工作有成绩时，更要不吝惜赞美的语言，激励员工继续努力。要知道，员工取得的成绩就是你的成绩，团队的业绩就是你的业绩。

（3）将心比心，同情理解下级。作为领导，在处理问题时，要注意换位思考、设身处地为他人着想，要多了解员工的个人及家庭背景，主动为员工排忧解难，只有解决了下级的后顾之忧，他们才能更好地工作，才能全身心地投入工作中去。所以，上级要经常找员工谈谈心，推心置腹、动之以情、晓之以理，善于运用多种情感沟通的方式去和员工交朋友，增强团队的凝聚力。

（4）当众表扬、私下批评。作为领导，既要看到下级的优点，又要找出下级的缺点，并针对下级的工作失误做出批评。但是，上级一定要注意表扬和批评的场合。俗话说：打人不打脸，所有人都爱面子，作为成年人更是有极强的自尊心。出于爱护员工的考虑，上级对下级要大张旗鼓地表扬、低调务实地批评，而且批评一定是在小范围的，最好是在私人场合来谈论缺点和不足。这样才能给足员工面子，让他内心受到良心的谴责，他才能真正地反省自己，改正错误，帮助下级健康地成长。

（5）语言幽默、轻松诙谐。上级与下级相处，营造一个轻松和谐的工作氛围很重要，所以上级应注意语言表达要幽默，给员工以轻松惬意的环境，不能时时处在一个高度紧张的工作状态中。上级的语言艺术，对下级来说，既是一种享受，也是一种动力和减压工具，可以拉近上下级的距离，使之和谐共处。

9.2.2 调节下级之间的矛盾

只要有人在的地方就有矛盾与冲突的发生，而矛盾与冲突的结果，不仅使人与人之间的关系紧张，更甚者可能会有人仰马翻、流血伤亡的事情发生。在一个单位，员工之间的矛盾冲突必然会对工作带来严重影响，而处理下级间的矛盾冲突是一个领导常常要碰到的事情，甚至也可以说是日常事务的一部分。所以，处理下级之间的关系，是一个领导应具备的能力，那么，怎样调节下级之间的矛盾冲突呢？

（1）不偏不倚。在处理具体矛盾时，作为领导必须做到冷静公允、不偏不倚。

单位的领导是所有矛盾的最后仲裁者，这个仲裁者要想保持权威，就必须以公平的面目出现，在别人心目中是公正、正义的代表。如果偏袒一方，被偏袒者自然会拥护，可是另一方看来这是不公平的，他会对裁决有成见。所以，冷静公允、不偏不倚、一碗水端平，是在处理下级间矛盾时最起码的原则。尤其在调节利益冲突时，更需如此。

当然，一碗水端平并不意味着矛盾双方各打五十大板，衡量是非的标准就是单位或组织的最高利益。一般来说，下级由于维护本部门的局部利益而发生冲突均不带感情纠葛和个人恩怨，所以只要做到公平，晓以大义，双方矛盾不难调节。对于下属间的观点分歧，作为单位领导最好保持超然态度，尤其不能介入其中去拥一派打一派，否则，就会遭到另一派的误解和攻击。

（2）折中调和。领导在处理下级之间的矛盾时，常常有这样的情况：双方具有各自的道理，但又失之偏颇，很难明确地判断谁是谁非。此时折中调和、息事宁人是最好的解决办法。这比较符合孔子提倡的"中庸之道"。

比如，在某些制度的改革问题上，就会存在"激进派"和"稳健派"。"激进派"会指责"稳健派"保守，"稳健派"指责"激进派"冒进，双方会发生观点上的冲突。作为单位最高领导，既不能拥一派打一派，也不宜各打五十大板，应该指出无论激进的观点也好，保守的观点也罢，在社会或单位的发展中均有他们存在的价值和地位。因为社会或单位前进的方向不是任何一种思潮的方向，而是合力的方向，这一运动的方向是妥协的产物，只要各种思潮的力量达到均衡，社会或单位就能稳定地前进。

（3）"冷处理"与"调离"。处理下级间的矛盾是很有技巧的。处理得好，双方化干戈为玉帛，处理不当，矛盾会"白热化"，此时领导就会感到非常棘手。

下级间出现摩擦时，领导要保持镇静，不要风风火火，甚至火冒三丈，这样对于矛盾双方无异于火上浇油。不妨来个"冷处理"，不紧不慢之中会给人此事不在话下之感，人们更会相信领导能公平处理。假如领导自己先"一跳三丈"，处理起来显然不太合适，效果也不会好。

当下级间因公事而发生争执时，"官司"打到领导跟前，这时领导不能同时向两人问话，因为此时双方矛盾正处于顶峰，此时来谈，双方一定会当面又大吵一顿，让领导也卷入这场"战争"。不妨倒上两杯茶，请他们坐下喝完，让他们先回去，然后分别接见。

单独接见时，请对方平心静气地把事情的始末讲述一遍，此时领导最好不要插话，更不能妄加批评，要着重在淡化事情上下功夫。事情往往是"公说公有理、婆说婆有理"，两人所讲的当然有出入，且都有道理，在细节问题上也不必去论证谁说得对。如果非要由领导断定，必须做到心中有数，不要妄下结论。即使黑白已明，也不要公开说谁是谁非，否则会进一步影响两人的感情和形象。领导公开指出其中一方正确时，那么这一方就觉得有了支持而气焰大涨，但是另一方会觉得领导偏袒了对方。

如果事情纯属私事，也应该慎重处理，切不可袖手旁观。因为两人私事上的矛盾会直接影响工作上的问题，也要分别召见两人，但和公事应该不同。对于他们之间的私事，没有必要"明察秋毫"，评定谁是谁非，有许多私事是十分微妙的，看似简单，实则越处理越复杂，可能会扯进来很多旁人，事情越闹越大，定会影响公司的整体工作。

处理这种矛盾时，切忌偏袒和自己私人关系较好的一方，一定要公私分明，只有这样才能显示公平，赢得下级的信任。

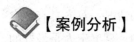 【案例分析】

张经理的烦恼

张某刚刚从名校管理学硕士毕业，出任某大型企业的制造部门经理。一上任，他就对制造部门进行改造。张经理发现生产现场的数据很难及时反馈上来，于是决定从生产报表上开始改造，借鉴跨国公司的生产报表，张经理设计了一份非常完美的生产报表。从报表中可以看出生产中的任何一个细节。每天早上，所有的生产数据都会及时地放在张经理的桌子上，张经理很高兴，认为他拿到了生产的第一手数据。没有过几天，出现了一次大的品质事故，但报表上根本没有反映出来。张经理这才知道，报表的数据都是随意填写上去的。为了这件事情，张经理多次开会强调，认真填写报表的重要性，但每次开会，在开始几天可以起到一定的效果，但过不了几天又返回了原来的状态，张经理怎么也想不通。

点评：

张经理的苦恼是很多企业中经理人一个普遍的烦恼。现场的操作工人很难理解张经理的目的，因为数据分析距离他们太遥远了，大多数工人只知道好好干活，拿工资养家糊口。不同的人，所站的角度不一样，单纯地强调开会，效果是不明显的。站在工人的角度去理解，虽然张经理不断强调认真填写生产报表，可以有利于改善生产，但大多数工人认为这和他们没有多少关系。后来，张经理将生产报表与业绩奖金挂钩，并要求干部经常检查，工人们才认真填写报表。在对下属沟通时，不要简单地认为所有人都和自己的认识、看法、高度是一致的。对待不同的人，要采取不同的模式，要用听得懂的"语言"和方式与别人沟通。

任务三　与同事沟通

工作中除了上下级关系以外，每个人还面临着同事与同事的关系，这种关系直接影响着工作和日常生活。所以，与同事沟通是一项非常重要的日常活动。

9.3.1 同事相处的原则

（1）平等互惠的原则。"投之以桃，报之以李"，那些谦让豁达的人总能赢得很多朋友，而那些妄自尊大的人则会引起别人的反感，通常别人都会敬而远之，他自己也会孤立无援。因此我们要对自己的成就轻描淡写、低调做人、高调做事，才能受到同事们的欢迎。

（2）尊重别人，赞美别人。在与别人交往过程中，我们要尊重他人，维护别人的面子，善于为他人着想。在《圣经》中有一句名言：你希望别人怎样对待你，你就怎样对待别人。这被大多数西方人视为工作中待人接物的"黄金准则"。给别人留面子，就是给自己挣面子。这也是最大限度地为自己积累"人缘"。

（3）合作共事，乐于助人。如果想得到别人的帮助，先要帮助别人，而且帮助的人越多，得到的也越多。只有彼此间的相互协作才能使大家工作顺利，因此合作是工作成功的首要条件，合作是一件快乐的事。应努力营造愉快融洽的气氛，学会与同事和平共处，友好合作，不能只寄希望于别人帮助自己。

9.3.2 与同事沟通的技巧

（1）主动参与集体活动。在团队中，每个人都有责任对集体做出自己应有的贡献，每个成员都要具有奉献精神。所以，主动参与集体活动是向组织和同事显示自己热爱集体、贡献自己的聪明才智的重要表现。因为做一个旁观者是无法培养你的社交能力，也无法赢得团队其他成员对自己的尊重和认识，更无法对团队的决定施加影响。

（2）积极表达自己的观点。在会议或讨论中清楚地表达自己的观点，并提供支持的理由。认真聆听他人的意见，努力了解他人的观点及理由，这些做法可以提高自己在团队中的参与性。

（3）重视感情投资，加强人际亲和力。感情投资就是在与同事沟通过程中通过一系列能够引起他人感情共鸣的手段，包括资金、时间、物质和精力上的付出，从而使其他同事在心理上产生敬重、爱护和信任的感情，真诚地关心别人、设身处地为他人着想，并在别人困难时给予帮助，会更加促进同事间和谐融洽的关系。所以，应和同事经常性地一起聊天、一起座谈、一起吃饭、一起休闲等活动，家长里短的都是话题，要知道"雪中送炭"比"锦上添花"更得人心。

（4）加强自我修养。虽然良好的人际关系的产生和建立取决于交往双方，但一个人是否被他人所接受，关键在于自身的形象。这就是要加强自我修养的问题。要树立正确的人生观和价值观，这是正确处理个人与集体、个人与社会关系、正确分析和解决人与人之间的矛盾，搞好人际关系的前提。一个自私自利、个人主义严重的人是搞不好人际关系的。心胸开阔、热情开朗和不计较个人得失是大家都喜欢的心理特征，这是同事间良好沟通的重要条件。

9.3.3 与同事沟通的语言表达技巧

（1）不当八卦传声筒：当一群人聊起某人的八卦或传言时，不要随便应声附和，因为只要说出口的话，必定会传到当事人耳中。最好的方法就是不表明自己的立场，只要说："你说的这个我还真不太清楚。"

（2）让对方觉得他很重要：如果向他人请求帮助，可以说："因为我很信任你，所以想找你商量。"让对方感到自己备受尊敬。

（3）赞美行为而非个人：举例来说，如果对方是厨师，不要说你真是个一流的大厨师。他其实心里知道有更多厨师比他还优秀。但如果你告诉他，你一星期会有好几天的时间到他的餐厅吃饭，这就是非常高明的恭维。

（4）微笑拒绝回答私人问题：如果被人问到不想回答的私人问题或者让你不舒服的问题，可以微笑着跟对方说："这个问题我没办法回答"。既不会给对方难堪，又能守住你的底线。

（5）不懂不要装懂：如果你对谈话的主题不了解，就坦白说："这问题我不清楚。"别人也不会继续为难你。如果不懂还要装懂，容易招人烦。

（6）改掉一无是处的口头禅："你懂我的意思吗""你清楚吗""老实说"等这些口头禅有时容易引起他人反感，可以考虑戒掉。有的人每一句话最后都习惯加上"啊"等助词，如"就是说啊""当然啦"，在比较正式的场合，会显得不够庄重、稳重。

（7）客套话也要说得恰到好处：客气话是表示你的恭敬和感激，适可而止就好。有人替你做了一点点小事，你只要说"谢谢""这件事麻烦你了"就可以了。至于"才疏学浅，请阁下指教"这种缺乏感情的客套话，就可以免了。

（8）面对称赞，说谢谢就好：别人称赞你时，坦率接受并直接跟对方说"谢谢"就可以了，不用谦虚一下。有时对方称赞我们的服饰或者某样东西，如果你说："这只是便宜货！"反而会让对方尴尬。

（9）避免不该说出口的回答，比如，"不对吧""应该是"，这种话显得你故意在找碴儿。另外，当他人遇到糟糕的事儿跟你吐槽时，别以预言的口吻说："果然没错""我早就告诉过你""我就知道"等。

（10）有欣赏对手的雅量：当你的竞争对手或讨厌的人被称赞时，就算你不认同对方，也还是要说："是啊，他很努力"。

（11）掌握一秒钟原则：听完别人谈话时，在回答之前，先停顿一秒钟，代表你刚刚有在仔细聆听，若是随即回话，会让人感觉你好像早就等着随时打断对方。

（12）听到没有说出口的：当你在倾听某人说话时，一般听到的是对方知道并且愿意告诉你的。除了倾听还必须观察，行为举止背后可以看出他人的意向。

（13）选择合理时机：有事要找同事或主管讨论时，需根据事情的重要性选择对的时机。假若是为个人琐事，就不要在他人埋头思考时打扰。如果不知对方何时有空，不妨先发邮件或者电话联系他。

（14）透过第三者表达赞美：如果对方是经由他人间接听到你的赞赏，比你直接告诉本人更多了一份惊喜。相反地，如果是批评对方，千万不要透过第三者告诉当事人，避免添油加醋。

（15）尽量不表现出自己比对方"厉害"：如果有人说他刚刚去了纽约一星期，就不要说上次你去了一个月，这样会破坏对方谈话的兴致。不如顺着对方的话，问问他对纽约的感觉。

（16）批评也要看关系：即便你是好意，对方也未必会领情，甚至误解你的好意。除非你和对方有一定的交情或信任基础，否则不要随意提出批评。

（17）批评的同时提出建议：提出批评之外，还应该提供正面的改进建议，才可以让你的批评更有说服力。比较容易让人接受的说法是："关于您的……我有些想法，或许你可以听听看？"

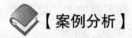

【案例分析】

从同事到冤家

小贾是公司销售部一名员工，为人比较随和，不喜争执，和同事的关系处得都比较好。但是，前一段时间，不知道为什么，同一部门的小李老是处处和他过不去，有时候还故意在别人面前指桑骂槐，对跟他合作的工作任务也都有意让小贾做得多，甚至还抢了小贾的好几个老客户。起初，小贾觉得都是同事，没什么大不了的，忍一忍就算了。但是，看到小李如此嚣张，小贾一赌气，告到了经理那儿。经理把小李批评了一通，从此，小贾和小李彻底成了冤家了。

点评：

小贾所遇到的事情是在工作中常常出现的一个问题。小贾和小李是比较典型的同事间的平行沟通关系。在一段时间里，同事小李对他的态度大有改变，这应该是让小贾有所警觉的，应该留心是不是哪里出了问题。但是，小贾只是一味地忍让，但是忍让不是解决问题的好办法，更重要的是应该多沟通。小贾应该考虑是不是小李有了一些什么想法或有了一些误会，才让他对自己的态度变得这么恶劣。他应该主动、及时地和小李进行一次真诚的沟通，比如问问小李是不是自己什么地方做的不对，让他尴尬了等。

任务四　团队沟通

对于管理人员来说，建立一个高效的团队，培养团队精神和企业文化是管理工作的一项重要内容。团队精神集中体现为团队的凝聚力，团队凝聚力强，成员之间相互依存、相互协调、相互团结的程度就高，就能够用向心力、忠诚、责任感和团队荣誉等精神力量，使团队成员众志成城、齐心协力，实现共同的理想和目标。

9.4.1 如何树立团队精神

团队精神是在长期的团队活动实践中形成和发展起来的一种人格化力量。那么如何培养团队精神呢？

（1）配备坚强有力、团结一致的领导班子。

（2）制定共同的奋斗目标。

（3）培养齐心协力、共同对付压力的精神。

（4）在团队内部实行奖励制度。

（5）开展文化娱乐活动。

（6）提高经济效益，努力搞好员工福利。

（7）控制团队舆论。

9.4.2 合作能力的培养

合作观念的建立是所有大学生应该养成的基本素质。"懂得与人合作的人，会替别人着想，有耐心、会调适，一般不会轻易辞职。业绩不好，但能团结合作的，是可造之才；但如果业绩好，而不能团队合作，是团队之癌。"前 IBM 人力资源部副总如是说。

在与他人的合作中要处理好人际关系，让自己的周围充满朋友，必须做到以下几点：

（1）克制自我，学会驾驭自己的情绪。我们在日常工作中，一定要让特定的、客观良好的自我状态处于支配地位，不要轻易发脾气、闹情绪，在任何时候都要保持沉着冷静、洒脱大方的风度，做到喜悦而不得意忘形、悲痛而能镇定自若、愤怒而不暴跳如雷、吃惊而不露声色。要做到这些需要对自己的情绪进行很好的管理。

（2）容忍别人，学会双赢。在人际关系中，尊重人与人的差异，接受别人的个性，宽容大度，谅解别人的过错。尊重差异，就是容忍他人的个性。由于人和人之间的性别、年龄、出身、职业有差异，在文化、思想、心理和兴趣爱好以及生活习惯等各方面也都存在客观的不同，所以我们要尊重别人，求同存异，学会接纳不同风格的人，如此才能实现事业共赢。

（3）包容确定，谅解过错。人无完人，孰能无过？当有同事因为这样或那样的原因出现了工作方面的差错，作为同事不能一味地批评指责，而是要尽量地帮助同事去弥补过失，并一起分析问题的原因，力争将损失降到最低。

（4）学会赞美，彼此喝彩。人人都喜欢受人赞美。我们应该满足他人受尊重的需要，把人人都渴望的赞美献给他人，这是我们自身自信心和价值感的一个重要因素，也是实现自我价值的必要条件。他能使沟通双方减少敌意、摆脱冷漠和敌对的情绪，使人们感到愉快。只有当我们为他人喝彩，为他人真诚地祝福，才能获得他人的认可和回报，大家都能从中找到快乐和满足。

9.4.3 团队沟通的语言表达

在团队沟通的语言表达过程中，在不同环境下也有不同的句型要求，无论是上下级之间在谈论什么话题，都要注意语言表达的技巧性。下面的句型就展示了沟通过程中容易出现的问题和良好的表达技巧。

（1）句型1：我们似乎碰到一些状况。

妙处：以最婉约的方式传递坏消息。如果你立刻冲到经理的办公室里报告这个坏消息，就算不是你的事，也只会让经理质疑你处理危机的能力。此时，你应该用不带情绪起伏的声调，从容不迫地说出本句型，要让上级觉得事情并非无法解决，"我们"听起来像是你将与经理站在同一阵线，并肩作战。

（2）句型2：我马上处理。

妙处：上级传唤时责无旁贷。冷静、迅速地做出这样的回答，会令上司直觉地认为你是名有效率的好部属；相反，犹豫不决的态度只会惹得责任本就繁重的经理不快。

（3）句型3：小陈的主意真不错。

妙处：表现出团队精神。小陈想出了一条连经理都赞赏的绝妙好计，你恨不得脑筋动得比人家快；但与其拉长脸孔，暗自不爽，不如偷沾他的光，会让上级觉得你富有团队精神，因而另眼看待。

（4）句型4：这事儿没有你真不行啦！

妙处：说服同事帮忙。有件棘手的工作，你无法独立完成，怎么开口才能让那个在这方面工作最拿手的同事心甘情愿地助你一臂之力呢？送高帽、灌迷汤，而那些好心人为了不负自己在这方面的名声，通常会答应你的请求。

（5）句型5：让我再认真地想一想，3点以前给你答复好吗？

妙处：巧妙闪避你不知道的事。上级问了你某个与业务有关的问题，而你不知该如何作答，千万不可以说不知道。本句型不仅暂时为你解危，也让经理认为在这件事情上头很用心。不过，事后可得做足功课，按时交出你的答复。

（6）句型6：我很想知道你对某件事情的看法。

妙处：恰如其分地讨好。你与上司要共处一室，这是一个让你能够赢得青睐的绝佳时机。但说些什么好呢？此时，最恰当的莫过一个跟企业前景有关，而又发人深省的话题。在他滔滔不绝地诉说心得的时候，你不仅获益良多，也会让他对你的求知上进之心刮目相看。

（7）句型7：是我一时失察，不过幸好……

妙处：承认疏失但不引起上司不满。犯错在所难免，勇于承认自己的过失非常重要，不过这不表示你就得因此对每个人道歉，诀窍在于别让所有的矛头都指到自己身上，坦诚却淡化你的过失，转移众人的焦点。

（8）句型：谢谢你告诉我，我会仔细考虑你的建议。

妙处：面对批评表现冷静。自己的工作成果遭人修正或批评，的确是一件令人苦恼的事。不需要将不满的情绪写在脸上，不卑不亢的表现令你看起来更有自信，更值得人敬重。

 【项目总结】

对于大多数人来说，在工作中接触的无非是同事、上级和下级。因此，工作中的人际关系沟通主要包括了与上级的沟通、与下级的沟通、与同事的沟通和团队的沟通等，通过建立良好的人际关系来建立友谊，从而提高工作效率和团队精神。良好的人际关系是个人工作与生活的宝贵财富，是一个人事业发展与生活幸福的重要平台。今后无论在酒店工作中，还是社会人际交往时，掌握社会主义友善价值观中"谦敬礼让、帮扶互助；志同道合、携手奋进"的内涵，对大学生在社会中的成长和成熟是非常有益的。

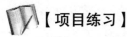 【项目练习】

1. 思考练习题

（1）举例说明如何与同事相处。

（2）请各小组分别找出与上级沟通、与下级沟通的成功或失败的案例，并进行分析。

（3）请各小组分别举例说明餐饮部、客房部和前厅部的团队沟通方式。

2. 案例分析

一次经理之间的谈话（续）

如果总经理在这场谈话中能改变一下态度和说话的语气，谈话的效果就不一样了，如可以采用以下方式：

总经理推门进去，用关心的语气询问财务部经理：张经理，这个月的财务报告写得怎么样了？

张经理：我尽量争取在近几天内交给你。

总经理：有什么困难？我能帮你做什么？

张经理：自从老王退休后，他的工作一直由我顶着，虽然我尽了最大的努力，可工作进度一直不理想，力不从心啊！真正解决问题的办法，我们还是应该再聘请一位会计师。

总经理：是啊，我也这样认为。假如我们能聘到一位合适的会计师就好了。但是目前很难找到，你看是否还有其他变通办法？

张经理：我倒有个主意，可否暂时先找一个财务部优秀的人员帮我工作。这样，我们既不影响现有的工作，又可以招聘适合的人选，同时还锻炼了我们自己的员工？

总经理：这主意不错，可以减轻你的一部分工作负担。可以推荐一位合格的人员，我马上通知人事部门进行考查。另外，我们下周找时间在财务部开个会，把部门内部的工作再协调一下。我那儿有本书是讲如何组织和安排员工工作的，我看了之后很受启发。如果你有兴趣，可以借给你看看。

张经理：好的，谢谢！我过一会儿到你办公室去拿，好好学习一下。

问题：这两次不同风格的谈话有什么不同？后者的谈话体现了哪些优点？我们应掌握哪些常用的沟通技巧？

项 目 十

酒店网络沟通和跨文化沟通技巧

【思政目标】

本项目旨在帮助学生在运用新媒体沟通尤其是工作中面对世界不同国家的顾客经行沟通时，树立正确的人生观、价值观，讲好中国故事、传播好中国声音，展现可信、可爱、可敬的中国形象。

【项目目标】

本项目要求学生了解酒店在互联网时代运用新媒体进行沟通的各种形式，尤其是学会电子邮件、微信、微博等多种形式的沟通技巧，熟悉人际沟通中的文化差异，掌握跨文化沟通策略，为酒店赢得新生代顾客群打造多元化的沟通渠道，使酒店能够满足网络时代发展的需求。

【项目任务】

1.掌握酒店各种网络沟通的技巧。

2.学会与世界不同国家的顾客进行沟通，提高自身综合文化素质和文化自信思想意识。

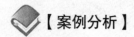【案例分析】

酒店住宿业跨界"玩抖音"

抖音 App 于 2016 年 9 月上线，随着抖音的持续火热，不仅是旅游景区开始跨界入驻抖音，连住宿业也纷纷蹭热度，开启了抖音的跨界之旅。不仅是首旅如家酒店集团、三亚亚龙湾瑞吉酒店、布丁酒店、北京 JW 万豪酒店、三亚康年酒店等酒店纷纷进军抖音界，连途家、榛果民宿等也加入进来。

"抖音"已经成为当下最火的短视频平台之一。近日，三亚康年酒店的一条抖音点赞 47 万，播放量破百万，连续多天都处于满房状态。事实上，这已经不是首个被抖音带火的酒店，重庆的"洪崖洞"和"轻轨穿楼"、西安永兴坊的"摔碗酒"、厦门鼓浪屿的"土耳其冰激凌"、山东济南宽厚里的"连音社"以及张家界的天门山等，这些地方也都因为抖音而成为网红景点，吸引大批游客前往打卡，景区周边酒店更是经营火爆。

抖音 App 是一款社交类的软件，通过抖音短视频 App 你可以分享你的生活，同时也可以在这里认识到更多朋友，了解各种奇闻趣事。抖音实质上是一个专注年轻人的 15 秒音乐短视频社区，用户可以选择歌曲，配以短视频，形成自己的作品。它与小咖秀类似，但不同的是，抖音用户可以通过视频拍摄快慢、视频编辑、特效（反复、闪一下、慢镜头）等技术让视频更具创造性，而不是简单地对嘴型。抖音平台大多是年轻用户，配乐以电音、舞曲为主，视频分为两派：舞蹈派、创意派，共同的特点是都很有节奏感。也有少数放着抒情音乐展示咖啡拉花技巧的用户，成了抖音圈的一股清流。

资料来源：https：//news.cncn.net/c_758779.

点评：

新媒体是现代生活中不可或缺的一种沟通形式。现代酒店经营中，酒店产品和服务、酒店文化等信息在向消费者传递的过程中，不仅包括了传统的旅行社、直销会员、协议会员、OTA（全称为 Online Travel Agency，中文译为"在线旅行社"）渠道，也包含了各种新兴的网络沟通渠道。酒店在运营中应该重视网络沟通的重要性。酒店通过网络向消费者提供多元化信息，使顾客在未使用酒店的产品和服务时，已经先了解到酒店的入住体验及可获得的心理认同，更能激发消费者的购买欲望；同时酒店通过对网络渠道的有效管理也可以精准对接消费者，通过及时沟通准确定位潜在客户，扩大利益覆盖面。许多酒店在充分利用网络沟通，占领新市场和巩固现存市场。

任务一 网络沟通

网络沟通是指酒店企业通过基于信息技术（IT）的计算机网络来实现酒店内部的沟通和与外部相关关系的沟通活动。在今天高效运营的酒店，通过计算机网络不仅实现了无距离、无时空、无障碍的沟通，而且促成了沟通方式上的重大突破。同时利用计算机网络进行管理和沟通，可使各部门的沟通协调工作做到高效、准确，同时又能减轻工作量、节省人力和物力，使组织机构扁平化，反应更加灵活、迅速。网络沟通在现代酒店活动中起着举足轻重的作用。因此酒店各级管理人员和服务人员迫切地需要掌握网络沟通技巧。

10.1.1 网络沟通的主要形式

酒店利用计算机网络可以极其容易、高效地建立内外网络沟通系统。网络形式可以根据内容来划分，也可以根据内外沟通对象的不同和沟通渠道的不同来划分。简单说来，网络沟通有以下几种常用形式。

（1）电子邮件：饭店的电子邮箱是模仿互联网邮件系统的界面和功能而设计的，每个部门或每个操作员可以有多个邮箱。例如，餐饮部可有酒店收发专用邮箱、部门经理专用邮箱或餐饮部内部文件专用邮箱等。系统会对不同渠道的邮件根据其保密程度给予保密支持，同时自动发送到相应的邮箱。酒店通过电子邮件进行沟通、交流，可以实现一对一的通信需要，也可以实现一对多、多对多的通信需要。电子邮件的其他功能包括转发邮件、订阅电子刊物等。

（2）微信：微信[①]（WeChat）是腾讯公司于 2011 年 1 月 21 日推出的一个为智能终端提供即时通信服务的免费应用程序。微信支持跨通信运营商、跨操作系统平台通过网络快速发送免费语音短信、视频、图片和文字，微信提供公众平台、朋友圈、消息推送等功能，用户可以通过"摇一摇""搜索号码""附近的人"、扫二维码方式添加好友和关注公众平台，同时微信将内容分享给好友以及将用户看到的精彩内容分享到微信朋友圈。截至 2016 年第二季度，微信已经覆盖中国 94% 以上的智能手机，月活跃用户达到 8.06 亿人，用户覆盖 200 多个国家、超过 20 种语言。此外，各品牌的微信公众账号总数已经超过 800 万个，移动应用对接数量超过 85000 个，广告收入增至 36.79 亿元人民

---

① 资料来源：https://baike.sogou.com/v18046480.htm?fromTitle 微信 .

币，微信支付用户则达到了 4 亿左右。2018 年 11 月，微信与洲际酒店达成合作，在上海开设了一家智能酒店。

微信类似于企业或个体的小社区，彰显个性化和私人化，在酒店业运用广泛，不仅各酒店都开设了自己的微信公众号，而且在员工与客人、客人与客人、员工与员工、部门与员工之间都可以进行非常便利的微信沟通。这是一种非常简单的沟通形式，但在日常工作和人际交往中却发挥着极为重要的作用。

（3）微博：微博[①] 是一个提供微型博客服务类的社交网站，用户可以通过网页、WAP 页面、手机客户端、手机短信、彩信发布消息或上传图片。新浪微博是一款为大众提供娱乐休闲生活服务的信息分享和交流平台，新浪把微博理解为"微型博客"或者"一句话博客"。用户可以将看到的、听到的、想到的事情写成一句话，或发一张图片，通过电脑或者手机随时随地分享给朋友，一起分享、讨论；还可以关注朋友，即时看到朋友们发布的信息。截至 2014 年 3 月，微博月活跃用户 1.438 亿，日活跃用户 6660 万，其中包括大量政府机构、官员、企业、个人认证账号，开放的传播机制使新浪微博成为中国的"公共议事厅"。

微博与微信不同，微博的功能更类似于企业或个人的自媒体平台，酒店可以创建组织的宣传平台，员工也可以创建自身的宣传平台，这里的信息发布更加直接、更加具有公众化。

（4）电子论坛。电子论坛上聚集着一群同样兴趣的人，大家可以互相讨论、交流观点、寻求帮助等。如果一个人加入了某一电子论坛，该论坛的所有成员讨论的信息都会转入这个人的视野中，他所发表的个人观点也会通过论坛被其他成员看到。酒店可以成立自己企业的论坛，让所有入住或在该酒店有体验经历的客人发表感想或意见，酒店管理者也可以论坛坛主的身份来解答各种问题，同时帮助客人，宣传酒店。

（5）手机 App。手机 App[②] 就是应用软件，现在主要指的是 Ios、Mac、Android 等系统下的应用软件。很多酒店都开发了自己的手机 App，当客人下载以后可以方便地了解酒店信息、预订客房餐饮产品、提出建议、会员卡积分等各种活动，也可以即时与酒店保持密切沟通，成为酒店与客人之间最便捷的沟通方式。

（6）专业旅游网络与评价系统。目前国内的互联网活跃着一批专业运营旅游业务的网站，包括酒店预订、机票预订、旅游度假一站式解决。这些专业网站市场巨大、客户群体众多、合作资源广泛、促销活动花样繁多，是很多酒店进行营销的合作渠道，也是很多客人在选择旅游企业时经常光顾的专业网站。其中，国内的旅游运营商包括携程、

---

① 资料来源：https://baike.sogou.com/v6062588.htm?fromTitle 微博.

② 资料来源：https://zhidao.baidu.com/question/2051836850475429787.

途牛、艺龙、同城和美团网等，国外知名的旅游网站有 Booking.com 和 Airbnb.com 等知名品牌。

携程 [①] 是一个在线票务服务公司，创立于 1999 年，总部设在中国上海。携程旅行网拥有国内外 60 余万家会员酒店可供预订，已在北京、天津、广州、深圳、成都、杭州、厦门、青岛、沈阳、南京、武汉、南通、三亚等 17 个城市设立分公司，员工超过 25000 人。2003 年 12 月，携程旅行网在美国纳斯达克成功上市。2017 年 8 月 3 日，"2017 年中国互联网企业 100 强"榜单发布，携程排名第九位。2018 年 3 月 21 日，携程发布定制师认证体系，国内首张定制师上岗证出炉。2018 年 10 月，《财富》"未来公司 50 强"排行榜发布，携程排名第四位。

（7）酒店自身网站。

酒店企业除了上述较为常规的网络沟通方式外，通常还建有自己的门户网站，尤其是世界知名的酒店集团更是有自己的专业网站和庞大的中央预订系统。这些网站可以帮助客人在全世界任何地方都能了解酒店，直接进行预订和参与酒店的各项活动，是酒店对外宣传沟通的窗口，是展示酒店形象的重要平台。

（8）内部各种管理系统。

酒店管理系统是一套功能强大而又简便实用的酒店管理软件，酒店管理系统一般包含前台接待、前台收银、客房管家、销售 POS、餐饮管理、娱乐管理、公关销售、财务查询、电话计费、系统维护、经理查询、工程维修等功能模块。酒店管理系统能够提高服务质量、工作效率和经济效益等。一般酒店管理系统突出以营销、预订、房源、房价等对营销具有影响力的信息处理。房价可按年、季、月、周、日设定。强化以客源为中心的信息完整性、长久性、可操作性。建立以客档为中心的用户信息管理系统，可以对数据进行多元化、多层次的查询，从汇总数据到明细发生，紧密联系在一起，灵活实用。客档、角色、佣金、房价方案、授权折扣和操作权限等，系统既面向应用，又面向管理。酒店集团管理系统还能够采集各成员酒店的原始数据，对采集来的数据进行分类、汇总、分析等处理，形成管理决策所需的数据信息，产生各种分析报表。操作方便、适应性强、操作灵活。

10.1.2 网络沟通的注意事项

网络沟通为酒店企业内外沟通创造了许多便捷和利益。然而，网络沟通也会带来一些问题，因此酒店在进行网络沟通时应注意以下事项：

（1）尊重他人。进行网络沟通必须尊重他人。在网络上尊重他人可以体现自己良好

---

① 资料来源：https://baike.baidu.com/item/ 携程.

的修养，只有尊重别人的人才会获得别人的尊重。人们都希望在网络上找到真诚、美好和友谊，而不是希望在网络上发现暴力、色情和罪恶，危害他人的身心健康。尊重别人还体现在不破坏网络、妨碍他人的使用。

（2）注意电子邮件的使用规则。书写电子邮件时，不要全部使用大写，因为这样做收信人看起来会非常吃力。书写电子邮件内容要合适，措施要合理。

（3）维护网络安全。任何社会性活动都必须遵守规则，维护网络安全是每个网络用户的责任。如果发现有人入侵网络，或破坏他人的使用安全，要及早报告网络管理员。在酒店网络中采用成熟的防火墙技术可以较好地保证酒店内部网的安全性。

10.1.3 网络沟通的技巧

网络时代，组织结构形态发生变化，随之衍生的组织文化也发生了变化。管理沟通和服务沟通必然也发生很大的变化。为提升效率，需要改进组织沟通思路，真正提高组织沟通的效率。因此，在使用网络沟通时应掌握一些技巧。

（1）交流注重面对面。随着互联网和移动通信的普及，酒店沟通越来越依赖这些新技术，然而面对面的沟通依然是最重要的沟通方式。因为酒店业是服务行业，只有更多地通过面对面的交流客人才能感受到服务的魅力，体会到服务的用心和真诚。所以，即便是在网络时代也替代不了实际的服务工作。而通过网络沟通只能是更加便利和快捷。

（2）交流方式灵活多样。为适应内部员工和外部客人的不同沟通方式与习惯，在有效的管理和服务沟通中，酒店从业人员要对传递的信息和接受者进行认真的分析和筛选，为每个接受者准备个性化的信息。无论是哪一种沟通，都要求信息发送者一定要针对不同的情况和沟通对象来进行顺畅、及时和有效的沟通，保证沟通双方能够建立良好的关系。

（3）开展即时交流。为进一步促进企业与消费者之间的交流，提高企业的客户服务水平，可通过网络开展多种形式的即时交流，如在线咨询和解答系统、QQ 在线服务等。在设立在线即时交流时要注意保持通道的畅通，回答迅速，不要让消费者久等；尽量让用户直接点击代表服务人员的头像就可以咨询，而不需要进行任何其他安装工作。另外，开辟专门的社区供用户交流，并有专人进行维护和解答；制作专门页面介绍用户感兴趣的重点信息等，都是比较受消费者欢迎的交流方式。

（4）合理控制成本。网络沟通可以使信息以前所未有的速度在组织与组织、组织与个人、个人与个人间进行传递。信息流速加快的必然结果就是，组织中的个体接收到的信息数量远远超过其所能吸收、处理的能力。因此在许多企业，通信方式的多样性仍然存在并由不同部门负责。作为酒店管理者要有效控制通信管理费用，认真评估与规划酒店的网络沟通系统和通信程序，既能控制成本，又能有效达到沟通目的，真正做到事半功倍。

10.1.4 酒店网络营销沟通策略

（1）记住别人的存在：千万记住和你打交道的是一个活生生的人，如果你当着面不会说的话在网上也不要说。

（2）网上网下行为一致：网上的道德和法律与现实生活是相同的，如果以为在网络中就可以降低道德标准，那就错了。

（3）入乡随俗：不同的站点、不同的营销对象都有不同的交流规则，所以在不同的场合，交流的方式和语气应该是有区别的。

（4）尊重别人的时间和带宽：不要以自我为中心，充分考虑别人在浏览信息时需要的时间和带宽资源，这也是对消费者的尊重。

（5）给自己留个好印象：因为网络的匿名性质，别人无法从你的外观来判断，每一言一语都成为别人对你印象的唯一判断，注意自己的言行将有助于树立良好的网络形象。

（6）分享你的知识：这不但可以增强自己在消费者心目中的好感，还有助于提高消费者对所营销商品的兴趣，有效激起消费者的购买欲望。

（7）心平气和地争论：在网络交流中争论是正常的，要以理服人，不要人身攻击。

（8）尊重他人的隐私：企业应该充分尊重消费者的个人隐私，不随意泄露用户个人信息，这不仅是在保障消费者的利益，也是在保持自己的良好形象。

（9）不要滥用权力：相对而言，在营销中企业掌握着更多的信息和权力，企业应该充分珍惜这些信息和权力，为消费者服务。

（10）宽容：面对消费者所犯的错误，企业应该保持宽容的态度。

任务二　跨文化沟通

随着全球经济一体化的深入，我国改革开放的大门继续打开，世界知名酒店集团纷纷抢滩中国，成功扩张。许多知名外资酒店雇用了大量本地员工，使酒店无论是客源结构还是员工构成，都面临着国际化的融合趋势。各种不同的文化交织在一起，已经成为酒店服务和管理的重要特色。作为酒店人有必要掌握跨文化沟通的技能，以应对国际化发展的趋势。

10.2.1 人际沟通中的文化差异

文化是指我们模式化的思想、感觉和行为方式。因此，它也经常通过沟通表达出来。由于各民族文化迥异，家庭、习俗和价值观等都有差异，必定会带来人际沟通的障碍。

（1）语言和非语言差异。不同语言间的沟通是很不容易的，但即使是使用相同语言也会有沟通困难。比如，全球说英语的大约有7亿人，但英国人、美国人、印度人和澳大利亚人等说的英语也不尽相同。

同一种语言因为不同的人群使用，沟通时会有障碍。完全讲不同语言的人们之间需要翻译的过程。即使使用翻译，也常常会产生误会和冲突。因此为了实现有效沟通，对不同语言间的翻译要注意两点：一是只能使用规范用语和官方语言；二是对于一些特殊用语，例如菜品名、酒水名和酒店名的翻译等，最好请资深的外语专家进行审阅，否则容易引起误会。

非语言沟通包括色彩、肢体语言、空间语言、艺术语言等。不同的文化有着不同的非语言表达，因而在跨文化沟通时容易引起障碍。

例如，不同的文化对颜色有不同的偏好，中国人喜欢红色，伊斯兰教国家喜欢绿色，非洲国家则喜欢大红大绿。

在美国，用拇指和食指捏成一个圈向别人伸出时，象征"OK"；但在日本，这个动作表示钱；而阿拉伯人做这种动作常常伴随咬紧牙关，表示深恶痛绝。在欧美国家，将食指和中指伸出，手心向外成"V"形，表示"胜利"的意思，然而这个手势不能手心向内，否则将带有侮辱的含义；但是在我们国家这个手势通常表示"两个"。

（2）社会规范差异。社会规范是指人们应该做什么，不应该做什么，可以做什么，不可以做什么的规则。这些规则构成了一种文化群体的特点。社会规范包括风俗习惯、道德规范、法律规范和宗教规范。他们是跨文化沟通中引起误会和冲突的一个重要因素。

风俗习惯是各民族在长期的历史发展过程中逐渐形成的一种生活方式，表现在饮食、服饰、节庆、婚姻和丧葬等方面，是一种没有法律规定、不受法律约束的行为规范。例如，在中国抱一下、摸一下小孩的头，表示亲热、可爱，但是在佛教国家中非常忌讳这种行为。在中国，吃饭用筷子，使用筷子就有很大习俗；在西方用刀叉，其习俗就更多了。所以我们要全面地了解世界各地不同的风俗习惯，避免因为不了解文化差异而引起不必要的麻烦。

道德规范在不同文化中也有不同的表现。例如在中国文化中不赡养老人是不道德的，而在美国的文化中这种观念很淡薄。在美国父亲请儿子帮忙干活常常还要付钱，这在美国是很正常的事，但在中国则是不成体统的。所以，要尽可能地避免在道德文化方面引起沟通双方的不快或不满。

法律规范和宗教规范方面的差异就更多了，不同国家的政治制度、经济制度、家庭婚姻制度以及宗教规范都有非常大的差异，这就要求酒店从业人员一定要了解客人的差异性、求同存异、正确看待各种社会规范方面的差异，从而为客人提供满意的服务。

（3）世界观、人生观、价值观的差异，这也是影响跨文化沟通的最重要因素之一。当三观不同时，人们似乎很难沟通，更难达成共识。所以在跨文化沟通时，一定要了解和关注他人的世界观、人生观和价值观，并尽量去理解对方的文化背景，这样才能更好地进行沟通。

10.2.2 沟通方式的差异

在人际沟通方面，东西方文化存在较大的差异。人类社会中差异最大的两种文化传统是东方传统和西方传统，东方传统包括中国、日本、印度和朝鲜等国家，西方传统见之于美国、英国、法国、德国等国家。东西方在人际沟通上的差异主要在于东方文化注重维护群体和谐的人际沟通环境，西方文化注重创造一个强调个性的人际沟通环境。沟通方式上的差异主要表现在：

（1）人际交流方式的差异。

东西方人对交流本身有不同的看法。在东方文化观念里，能说会道并不被人提倡，而西方人很强调和鼓励口语的表达技巧，在西方文化里，人与人的关系和友谊基本靠言谈建立和维持。他们缺乏中国文化中那种"心照不宣"，因而两个以上的人待在一起时，一定要想办法让谈话不断地进行下去。如果出现了沉默的状态，在场的人都会感到不安和尴尬。西方人的观念是，真正有才华的人不但能思考，还要善于把自己的思想有效地表达出来。而东方人，特别是中国人有更多的"自我沟通"，当做错事情时，中国人常常"闭门思过"，而西方人重视彼此间的交流。他们做事失误之后，首先是把所有的人都集中起来，大家共同讨论，找出问题所在。他们认为，没有交流，将永远无法解决问题。

中国文化强调组织的团结与和谐，在沟通的目的上，注重摆平双方的关系，强调和谐胜于说服。西方人际沟通观念受到古希腊哲学的影响，在交流的目的上，强调的是一方影响另一方，并要说服对方，会有意识地对对方施加影响。

（2）上下级沟通方式的差异。

在企业里，上下级沟通是非常重要的，但是由于东西方文化的不同，在上下级沟通方式上有着明显的差异。东方人含蓄、偏爱情感式沟通，与不同意见者尽量不在公开场合争论，解决分歧一般在幕后和非正式场合，担心因为意见不合而影响大家的面子。即使双方有矛盾，也希望能通过中间人来说和，缓和彼此间的不快。而西方人恰恰相反，他们倾向于直率、务实式沟通，在部门会议上，上级的任务就是鼓励大家坦诚相对、积极谈论和争辩。通常优秀的上级会清楚明白地给下级制定规则和布置任务，对下级的工作进行指示和评价，重要的事情更是亲临现场，直接沟通。

（3）决策方式的差异。

决策的方式和过程是决策者文化的产物，反映出一种文化的价值观。东西方文化的差异体现在决策方面，主要表现在决策的速度、直接性、情感倾向性以及解决问题的方法上。西方人一般使用理性的、面对问题的方式，对问题进行公开的、坦诚的争议和辩论、表决，最后少数服从多数。而东方人一般会事先对问题进行私下的商议和沟通，并利用私下场合进行小范围的沟通和讨论，使每个人都能对问题发表言论，然后决策者集中研究大家的意见，努力化解分歧，最后在公开场合达成一致。

（4）解决冲突的方式差异。

在企业和部门中，冲突是很常见的现象。为了把冲突限制在一定的范围，大多数文化传统都制定了自己解决冲突的方式，每种文化在解决组织内部冲突时，所用的方法也有所偏好。西方人强调竞争、机会均等和强烈的个人主义，这导致了在发生冲突时，冲突各方会尽量牺牲对方利益，争取自身的权益。而东方人则强调共同的信仰、集体的成就，在众人面前维护面子，倾向于协调式解决。

由于东西方文化存在的巨大差异，所以在进行中外沟通时，一定要了解不同文化的差异性表现，理解和欣赏对方沟通方式的优点，包容和适应对方沟通方式的区别，从而使跨文化沟通更加顺畅、更加高效。

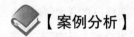【案例分析】

从交谈到贺礼

夏日，南京某饭店大堂，来自英国的两位客人向大堂副理值班台走来。大堂宋副理立即起身，面带微笑地以敬语问候，让座后两位客人忧虑地讲述起他们心中的苦闷："我们从英国来，在这里负责一项工程，大约要三个月，可是离开了翻译我们就成了睁眼瞎，有什么方法能让我们尽快解除这种陌生感吗？"宋副理微笑地用英语答道："感谢两位先生光临指导我店，使大厅蓬荜生辉，这座历史悠久的都市同样欢迎两位先生的光临，你们在街头散步的英国绅士风度也一定会博得市民的赞赏。"熟练的英语所表达的亲切的情谊，一下子拉近了彼此间的距离，气氛变得活跃起来。于是外宾更加广泛地询问了当地的生活环境、城市景观和风土人情。从长江大桥到六朝古迹，从秦淮风情到地方风味，宋副理无不一一细说。外宾中一位马斯先生还兴致勃勃地谈道："早就听说中国的生肖十分有趣，我是 1942 年 8 月 4 日出生的，经历过第二次世界大战，大难不死，一定是命中属相助估。"

说者无心，听者有意，两天之后就是 8 月 4 日。谈话结束之后，宋副理立即在备忘录上做好记录。8月4日那天一早，宋副理就买了鲜花，并代表饭店在早就预备好的生日卡上填好英语贺词，请服务员将鲜花和生日贺卡送到马斯先生的房间。马斯先生从珍贵的生日贺礼中获得了意外的惊喜，激动不已，连声答道："谢谢，谢谢贵店对我的关心，我深深体会到这贺卡和鲜花之中隐含着许多难以用语言表达的情意。我们在南京逗留期间再也不会感到寂寞了。"

点评：

这位大堂副理是一位非常善于沟通的酒店人，他懂得与外国客人打交道要了解他们的文化背景，同时将我们中国传统文化分享给客人；捕捉客人的心理需求，并能及时地为客人创造惊喜。具体分析沟通成功的因素如下：

第一，设身处地，仔细揣摩客人的心理状态。两位英国客人由于在异国他乡逗留时间较长，语言不通，深感寂寞。宋副理深入体察、准确抓住了外国客人对乡音的心理需求，充分发挥他的英语专长，热情欢迎外国客人的光临，还特别称赞了他们的英国绅士风度，进而自然而然向客人介绍了当地风土人情等，使身居异乡的外国客人获得了一份浓浓的乡情。

第二，富有职业敏感，善于抓住客人的有关信息。客人在交谈中无意中流露生日日期，宋副理的可贵之处在于，能及时敏锐地抓住这条重要信息，从而成功地策划了一次为外国客人赠送生日贺卡和鲜花的优质服务和公关活动，把与外国客人的感情交流推向了更深的层次。因此，善于捕捉客人有关信息的职业敏感性，也是饭店管理者和服务人员应该具备的可贵素质。

10.2.3 跨文化沟通的策略

酒店从业人员既要解决一般酒店中常见的沟通问题，又要因上述文化差异而提升沟通能力。因此酒店沟通必须正视文化差异，具体问题具体分析，采取适当措施，尽量克服文化差异在酒店人际沟通中产生的各种障碍和问题。

（1）语言文字差异对策。语言差异是第一个最直接、最突出的差异。这里的差异，不仅是文字不同、语言不同，还包括文字和语音所代表的实际含义不同，这就要求酒店从业人员要努力学好第二种语言，这是与不同国籍的客人进行语言沟通时必要的业务技能。对于不同酒店、不同工种和不同职位的员工来说，掌握外语的语种、熟练程度和听说读写的能力要求也不相同。由于英语是国际通用语言，所以现在酒店一般要求员工具备基本的英语对话能力。

（2）礼节和传统习俗对策。不同国家和地区的礼节和传统习俗存在着很大的差异。

为克服这种因地方文化和习俗差异而引起的沟通障碍，要求酒店从业人员一方面要对国际政治和经济有所了解，另一方面还要对客源国文化、历史、生活习惯等具有一定程度的熟悉。

此外，酒店从业人员必须有良好的修养和广博的见识，具有优雅的举止和文明的服务礼仪。这样，在和不同文化背景的客人打交道时，就会尊重客人、理解客人，才能获得客人的好感，与顾客建立良好的关系。

（3）价值观冲突对策。当酒店客人或外方管理者来自不同国家或地区时，无论是日常接待还是工作交流，都不可避免地会遇到双方世界观、人生观和价值观不同的问题，因此，正确处理价值观冲突，我们要坚持以下原则：

①互相理解。为了能有效沟通，避免无谓的价值观冲突，在交流前，双方应互相了解对方主要的和关键的价值观，对冲突的问题做到原则性和灵活性相统一，对某些可能存在冲突的地方要详细解释。

②互相适应。沟通双方要使自己适应对方的价值观，尊重对方的理念。在坚持自己的价值观的同时，不能用单一的标准去判断对方的思维状态和行为表现，不能强求对方按自己的价值观和标准去行事。

③求同存异。不同的文化千差万别，但人类文化中总有共同追求的价值观，例如，爱祖国、爱和平、主张正义、热爱体育和文艺、注重健康、绿色环保等，这些理念都是一致的，我们可以从这些共同的目标中去寻求一致，为不同的文化沟通架起友谊的桥梁。

10.2.4 和不同国家的人的沟通技巧

不同的国家和地区，人们的相处之道是不同的。酒店业接待来自世界各地的旅游者，我们的服务和沟通方式也应根据客源国的不同而有所差异。

（1）与欧美人沟通的技巧。

首先，与欧美客人打交道，时间是先要关注的问题。事先预约、准时抵达、适时告辞都是很重要的要求，如果有突发事件不能按时赴约，一定要及时告知对方，向对方表示歉意。

其次，与欧美人沟通，要求真诚、坦率，并按预订计划来进行。如有不同意见，要直言相告，不能委婉表示或当面同意、事后否认，他们会认为这是不遵守承诺、不讲信誉的表现。如要表示赞美或尊敬之意，一定要热情洋溢，善用尊称，并可适当赠予对方小礼物，但注意礼物不能太贵重。

最后，与欧美人沟通，要注意礼仪、着装，尊重对方的隐私。尤其是在正式场合，要按照规范的社交礼仪去穿衣打扮，与对方交谈要注意非语言交流的表达方式，尊重对方的隐私，尽可能地避开一些涉及价值观等方面的敏感问题。

（2）与日韩客人沟通的技巧。

首先，与日韩客人打交道，先要注重礼节。日韩对长幼尊卑、高低贵贱有着极强的观念。因此我们在和他们打交道时，无论是称呼、握手、递送名片，还是座次、着装、顺序以及语言表达都要注意先后次序和社交礼节，如果有不明白的地方也请对方谅解。

其次，与日韩客人沟通，一定要有较强的集体主义精神和组织观念，不要突出个人能力和个人利益，应以团队利益为主，以长远利益为目的，不能就事论事、急功近利，并且在双方交谈中，要顾及面子，不能当面争执。他们重在建立一种长期的信任关系。

最后，由于日韩有些客人爱面子、不善言辞，所以我们不能仅凭单方面的承诺或口头答应。通常他们当面表示赞同或接受，或者没有强烈地表示反对，我们就误以为他们会同意或认可我们的建议，但事后他们会以种种借口无故推辞、拖延，而我们往往还在傻傻地等待他们的回复或结论。因此在与日韩客人谈判时，必须要有合同保证和书面承诺，并附加一定的经济保障，才能使双方的合作顺利进行，否则很有可能会是一纸空文。

（3）与阿拉伯人沟通的技巧。

由于阿拉伯人主要生活在沙漠之中，喜欢结成紧密稳定的关系。他们性格豪爽粗犷、待人热情，好客而不拘泥于小节。因此，和他们打交道主要是交朋友，而且他们的时间观念不是很强，做事随性，有时热情、有时冷漠，常常令人捉摸不定。

阿拉伯人视名誉为生命，和他们打交道一定要注意名声，不能做出格的事情，要赢得他们的信任，就要尊重他们的习俗，提前多做功课去了解他们，在感情方面与之多多沟通。

大多数阿拉伯人信奉伊斯兰教，伊斯兰教的规矩很多，他们的日常生活带有明显的宗教色彩，所以不能对他们的习俗表示不同意见，尤其是不能对他们的宗教信仰和生活习俗进行评论。

 【项目总结】

对于生活在移动互联时代的我们来说，无论是工作还是生活，都已经无法离开网络沟通了，掌握网络沟通技巧就成为一项重要的业务技能。而在全球一体化发展的今天，与不同国家的人打交道也是一项日常的社交内容，熟悉各种不同文化背景、不同地域的人们的沟通方式是非常有必要的。这就要求我们要不断地提高自身的文化修养和政治素养，在对外宾沟通时讲好中国故事，传播好中国声音，增强中国文明传播力和影响力，推进中华文化更好地走向世界。

【项目练习】

1. 思考练习题

（1）请分组调研本地区三家酒店在营销推广时使用的新媒体形式和效果，并对比分析其原因，总结成一个调研报告。

（2）请举例说明网络沟通的优劣。

（3）请各小组分别找一个外国人在酒店前厅、客房和餐饮服务的案例，并讨论和总结相应的沟通策略。

2. 案例分析

（一）瑞幸之崛起

作为咖啡行业新人的瑞幸咖啡，短时间内得到了很大的成功，那么他们的新零售模式是什么样的呢？

新零售咖啡品牌瑞幸咖啡（luckin coffee）创立于2017年11月，在短短5个月的时间内，瑞幸咖啡成功在国内创立了约300多家咖啡店，相当于国内第二大的咖啡连锁店COSTA进入中国12年的开店数量。4月13日，在虎嗅"2018 WOW！新媒体营销分享会"上，瑞幸咖啡的首席营销官杨飞介绍了他们成功打造流量池的方法。

首先，瑞幸咖啡通过裂变营销快速获得了大批新用户。杨飞认为，在无线年代，最稀缺的资源就是流量，创业品牌要学会"急功近利"的方式来打造流量池。急功，就是要快速建立品牌；近利，就是要快速转化销量。瑞幸咖啡一上线就推出了首杯免费活动，新用户输入手机号就能获得免费体验券，购买后免费给好友送咖啡，又能各自得一杯，这就激励了用户进行自发分享，为瑞幸咖啡带来了源源不断的新流量。杨飞表示，在微信网站上严格禁止各类诱导分享和诱导关注的行为，于是瑞幸咖啡创业第一天就上线了自己的手机App，通过在App互动裂变，实现了快速的用户增长和流量转化。

其次，瑞幸咖啡通过保障用户体验打造了良好的品牌。杨飞表示，瑞幸咖啡的咖啡豆比目前市场上的商业咖啡豆贵20%～30%，操作的咖啡设备也是市面上的顶级设备，保障了咖啡产品的高品质。而且App内部给用户行为设置了100多组标签，建立了自己的用户管理数据库，因此能够清楚地了解用户特征、消费频次、消费地点、口味爱好等，从而进行适当的营销活动。杨飞表示，精准的用户画像能让企业了解该在什么地方做广告投放，给哪些用户发关怀券等，比如在咖啡配送时，如果超过30分钟，瑞幸咖啡的系统就会主动给用户推送一张免费券。通过这些方式，瑞幸咖啡保障了较好的用户体验，树立了较好的品牌口碑，也使得新用户得以留存。

最后，瑞幸咖啡打通了后端供应链，大大降低了运营投入。在瑞幸咖啡的App里，每一次用户购买都对接着后端的供应链、物流、财务管理系统，由于所有订单都在线上，现场没有现金交易，实体门店员工自然就能专注进行客户引导和服务，降低了运营投入。杨飞认为，传统咖啡行业把超 30% 的投入用于实体门店、房租、装修，盲目租下大型店面。而瑞幸咖啡则采用新零售的模式，降低了场景投入，把人、货、场的核心放在数据上。

以上就是瑞幸咖啡迅速崛起的三个方法：裂变营销、保障用户体验和降低运营投入，然而商战就此而起……

（二）瑞幸与星巴克

近日，瑞幸咖啡开始兴起，不知不觉身边又多了一家瑞幸咖啡。这个名不见经传的咖啡开始造作了，先是将门店布置好，然后准备再次扩张的时候，发现很多市场被星巴克垄断了，于是以一封公开信的形式，对星巴克宣战，内容如下图所示：

给行业一个公平竞争的机会
让中国消费者有更多的选择

——致星巴克的一封公开信

星巴克是一家伟大的公司，进入中国近 20 年来在教育中国咖啡市场方面做出了很多努力和贡献，并取得了巨大的成功，已占据中国连锁咖啡市场 50% 以上的份额，一直以来都是瑞幸咖啡及中国咖啡行业所有从业企业学习的榜样。

近期，我们在业务发展中遇到了以下情况。主要包括：第一，星巴克与很多物业签订的合同中存在排他性条款。很多物业向我们反馈，前期已与星巴克签订了排他性租赁合同，虽然还有闲置铺位，但也无法租赁给我们。这些排他对象，既包括国内外大大小小的数十家咖啡连锁品牌，还包括咖啡占营业收入 30% 以上的店铺，甚至名称与"咖啡"字样相关的任何商家。第二，星巴克对我们的供应伙伴频繁施压要求站队。瑞幸咖啡所选择的供应商全部为世界顶级品牌，其中很多与星巴克的供应商相重合，近期已有多家机器设备、包装包材、食品原料的供应商反馈，星巴克要求他们站队并停止向瑞幸咖啡继续供货。目前，我们已接到部分合作伙伴将要停止供货的通知。星巴克的上述做法，既影响我公司的正常经营，也损害了市场公平竞争环境，阻碍了中国咖啡行业的发展。

经咨询相关部门及专业人士，我们认为星巴克的这些做法已经涉嫌违反《反垄断法》第 14 条和第 17 条的有关规定。为加快推进问题解决，我们委托金杜律师事务所近日将就以上问题向国家反垄断行政执法机构进行投诉，并向有关城市人民法院正式提起诉讼。

在此，我们衷心希望，星巴克能够尽快解除合同中排他性条款，立即停止向我方供应商施压，并确保今后不再出现类似行为。我们相信，星巴克作为一家世界级公司，能够用开放的胸怀和其他咖啡品牌共同携手发展中国咖啡市场，给行业一个公平竞争的机会，比品质、比服务、比价格，让中国消费者有更多的选择。

瑞幸咖啡
2018年5月15日

luckin coffee

　　面对如此年轻有活力的瑞幸咖啡的来者不善，熟练老成的星巴克从容淡定怼回去："无意参与其他品牌的市场炒作。我们欢迎有序竞争，彼此促进，不断创新，持续提升品质和服务，为中国消费者创造真正的价值。"

　　以下为星巴克回应全文：

　　中国咖啡市场体量巨大，竞争充分，发展迅速。深耕中国近20年，星巴克有幸参与和见证了中国咖啡市场的培育和壮大，与众多业界伙伴共同发展建立了长期合作，与45000名员工伙伴并肩努力建立了彼此信任。我们始终共同致力于为中国消费者带来"每人每杯每个社区"的优质星巴克体验。

　　我们无意参与其他品牌的市场炒作。我们欢迎有序竞争，彼此促进，不断创新，持续提升品质和服务，为中国消费者创造真正的价值。

　　据传瑞幸咖啡已经挖掉星巴克1/7的员工，同时这类员工工资是原来的3倍。瑞幸咖啡也是做足了功课，才会向星巴克挑衅。新老两家咖啡店争夺进入白热化阶段，也在侧面反映了中国咖啡市场的前景广阔，竞争激烈。

　　如果星巴克真的涉嫌垄断市场的操作，那么瑞幸咖啡是可以起诉的，这场战争谁输谁赢，未知定数！

　　问题：请分析瑞幸咖啡的崛起之道，其与星巴克的竞争是如何进行的？你认为最终谁赢谁输？

参考文献

［1］惠亚爱.沟通技巧［M］.2 版.北京：人民邮电出版社，2013.

［2］王春林.饭店管理沟通实务与技巧［M］.北京：中国旅游出版社，2006.

［3］李晓.沟通技巧［M］.北京：航空工业出版社，2013.

［4］刘晓琳，曲春蕾.酒店市场营销［M］.北京：中国旅游出版社，2012.

［5］刘晓琳，谢璐.旅游市场营销［M］.南京：南京师范大学出版社，2013.

［6］唐志国，陈增红.饭店管理概论［M］.济南：山东大学出版社，2011.

［7］薛兵旺.酒店督导［M］.上海：上海交通大学出版社，2011.

［8］马保烈，刘晓琳，等.海景模式——中国服务从梦想照进现实［M］.济南：山东人民出版社，2013.

［9］侯明贤.饭店督导［M］.北京：旅游教育出版社，2006.

［10］张延，钟艳.酒店 VIP 服务与管理［M］.沈阳：辽宁科学技术出版社，2004.

［11］杰克·E. 米勒，等.酒店督导（经典版）［M］.大连：大连理工大学出版社，2002.

［12］狄保荣，王晨光，等.饭店文化建设［M］.北京：中国旅游出版社，2010.

［13］毕传福.微信微博智能一本通［M］.北京：人民邮电出版社，2014.

项目策划：张芸艳
责任编辑：张芸艳
责任印制：孙颖慧
封面设计：武爱听

图书在版编目（CIP）数据

　酒店实用沟通技巧 / 刘晓琳，李真编著. -- 2版.
-- 北京 ： 中国旅游出版社，2023.7
　中国旅游院校五星联盟教材编写出版项目　中国骨干
旅游高职院校教材编写出版项目
　ISBN 978-7-5032-7141-0

　Ⅰ．①酒… Ⅱ．①刘… ②李… Ⅲ．①饭店－商业管
理－人际关系学－高等职业教育－教材 Ⅳ．①F719.2

中国国家版本馆CIP数据核字(2023)第119075号

书　　名：酒店实用沟通技巧（第二版）

作　　者：刘晓琳　李真
出版发行：中国旅游出版社
　　　　　（北京静安东里6号　邮编：100028）
　　　　　http://www.cttp.net.cn　E-mail:cttp@mct.gov.cn
　　　　　营销中心电话：010-57377103，010-57377106
　　　　　读者服务部电话：010-57377107
排　　版：北京旅教文化传播有限公司
经　　销：全国各地新华书店
印　　刷：三河市灵山芝兰印刷有限公司
版　　次：2023年7月第2版　2023年7月第1次印刷
开　　本：787毫米×1092毫米　1/16
印　　张：12.25
字　　数：238千
定　　价：39.80元
ＩＳＢＮ　978-7-5032-7141-0